Wandern mit Übernachten!

2-Tages-Rundwanderungen Schwäbische Alb

Vom Härtsfeld bis zum Großen Heuberg

gewandert und fotografiert,
beschrieben und skizziert

von

Hans-Joachim Hitschold

2., überarbeitete Auflage, 1999

Schneider Verlag Hohengehren

Umschlaggestaltung:
Wolfgang H. Ariwald, BDG, 59519 Möhnesee

Die Deutsche Bibliothek – CIP-Einheitsaufnahme

Hitschold, Hans-Joachim:
2-Tages-Rundwanderungen Schwäbische Alb :
Wandern mit Übernachtung! ; vom Härtsfeld bis zum
Großen Heuberg / gewandert und fotogr., beschrieben
und skizziert von Hans-Joachim Hitschold. –
2., überarb. Aufl. –
Baltmannsweiler : Schneider-Verl. Hohengehren, 1999
ISBN 3-89676-125-0

Printed in Germany – Druck: Wilhelm Jungmann Göppingen

Inhaltsverzeichnis

Die 2-Tages-Wanderungen

Die möglichen **4-Tages-Wanderungen** durch Verbindung nachstehender 2-Tages-Touren

Vorwort

Liebe Leserin, lieber Leser,

Sie wandern gelegentlich oder öfters? Gewiß, sonst hätten Sie diesen Wanderführer nicht zur Hand genommen.

Sie wollen nicht nur irgendwo wandern, sondern in einem der landschaftlich schönsten und abwechslungsreichsten Wandergebiete schlechthin, der **Schwäbischen Alb**.

Wenn Sie jedoch nur

- sonntags zwischen Mittagessen und Kaffee auf gepflegten und sauberen Wegen gehen,
- nach zwei bis drei Stunden wieder in ihrem Auto sitzen und zur gewohnten Zeit wie an jedem Abend zu Hause sein möchten,
- dann legen Sie dieses Büchlein wieder zurück, es ist **nichts für Sie!**

Wenn Sie aber mal

- dem Alltagsgetriebe mit seiner Hast und Hektik entfliehen,
- allein oder in Gemeinschaft in zwei Tagen eine schöne Landschaft der Schwäbischen Alb entdecken,
- etwa 40 Kilometer mit – nicht zu schwerem – Rucksack wandern,
- auf ihr Auto verzichten und unterwegs übernachten wollen,

dann halten Sie den **richtigen Wanderführer** in der Hand; blättern Sie weiter, werden Sie neugierig.

Sind Sie auch der Meinung, daß es uns besser gehen würde, wenn wir mehr gehen würden? Wir wissen, daß uns das Wandern wie kaum eine andere Aktivität bereichert, weil wir eine Wanderung erleben. Wandern ist mehr als nur einen Fuß vor den anderen zu setzen. Wandern ist raumgreifendes Schreiten; es ermüdet zwar, ist aber erholsam und entspannend zugleich. So zählt Wandern zu den gesündesten körperlichen Betätigungen überhaupt.

Beim Wandern wird aus dem Schauen ein Beobachten und Betrachten. Wann haben Sie zum Beispiel das letzte Mal ein Bussardpaar mit weitgespannten Flügeln unterm blauen Himmel kreisen, den Falter in der Blüte einer Brennessel saugen und einen Graureiher in der Talaue stehen gesehen? Wir wandern zu Burgruinen und vergessenen Burgen, auf die nur noch eine Tafel hinweist. Die Gedanken werden zurückgeführt in vergangene Jahrhunderte.

So erwächst beim Wandern Verständnis für die Natur mit ihren Geschöpfen und für Kulturen früherer Zeiten. Wandern läßt uns auch nachdenken über unsere Verantwortung gegenüber der Natur und dieser herrlichen Landschaft, die wir bewahren und – möglichst heil – kommenden Generationen überlassen sollten.

So wie es Ihnen jetzt vielleicht ergeht, erwachte in manchem Wanderer der Wunsch – und dies wurde mir auf meinen zahlreichen Wanderungen in Gesprächen unterwegs bestätigt – nach einer längeren, möglichst zweitägigen (Wochenende für Berufstätige) Rundwanderung mit Übernachtung.

Leider fehlte es meistens an Anleitungen und Empfehlungen, die so ein Vorhaben erleichtert oder überhaupt erst ermöglicht hätten. Fragen nach dem Ausgangsort mit Parkplatz, der am zweiten Tag zugleich auch Zielort sein muß, nach der Übernachtungsmöglichkeit und den zweckmäßigen Wanderkarten warfen derart Schwierigkeiten auf, daß allein schon deswegen ein solcher Wunsch meist unerfüllt blieb.

Diesem Mangel will ich mit dem vorliegendem Wanderführer abhelfen. Das handliche, leicht verstaubare Büchlein beschreibt **zwanzig 2-Tages-Rundwanderungen**, verteilt über die gesamte Schwäbische Alb vom Härtsfeld auf der Ostalb bis zum Großen Heuberg auf der Südwestalb.

Wer darüber hinaus Lust aufs Doppelte verspürt, kann jeweils zwei 2-Tages-Touren zu insgesamt fünf 4-Tages-Wanderungen miteinander verbinden. Im Inhaltsverzeichnis sind die entsprechenden Vorschläge aufgeführt.

Bei der Auswahl der Wanderungen wurde meistens auf die bekannten Standard- und Paradetouren verzichtet. Soweit es möglich war, ging ich abgeschiedene und einsame Wege, wo der Wanderer noch Ruhe und Stille genießen kann. Dennoch sind auch stärker frequentierte Wegabschnitte aufgeführt, so z. B. im Donau- oder Großen Lautertal. Diese Wanderungen enthalten entsprechende Hinweise.

Bad Boll, im Januar 1999 Hans-Joachim Hitschold

Türkenbundlilie auf der Alb

Die Schwäbische Alb – ein Erlebnis!

Im weiten Bogen erstreckt sich dieser Mittelgebirgszug von der Linie **Tuttlingen/Donau – Trossingen** im Südwesten bis zum **Ipf bei Bopfingen** und dem **Nördlinger Ries** im Nordosten. Die Alb ist etwa 200 Kilometer lang und 40 Kilometer breit. Ihre höchsten Erhebungen sind im Südwesten mit dem 1015 m hohen **Lemberg** als dem höchsten Berg der Alb. Nach Nordosten hin flacht das Gebirge auf etwa 500 Meter ab.

Am eindrucksvollsten erscheint uns die Alb als „Blaue Mauer", wie Eduard Mörike in seinem Märchen vom Stuttgarter Hutzelmännlein (1853) die **steile Wand des Nordtraufs** bezeichnet. Jeder, der vom Neckarland auf der A 8 nach Süden fährt, kennt dieses Bild mit Breitenstein, Teck und Hohenneuffen. Dagegen fällt der Südrand der Alb zur Donau hin sanft ab.

Die Alb ist ein Schichtgebirge aus **Juragestein**. Eindrucksvoll ist die oberste Schicht, der Weiße Jura (Malm, Kreidefels), der die Albhochfläche bedeckt und die markanten hellen Felsen des Nordtraufs und der meisten Flußtäler (Donautal, Großes Lautertal) bildet.

Dem Steilabfall vorgelagert sind durch Erosion und durch Vulkanismus entstandene Vorberge, die **Zeugenberge** wie z.B. der Hohenzollern, die Achalm bei Reutlingen, die drei Kaiserberge Hohenstaufen, Hohenrechberg und Stuifen sowie der Ipf bei Bopfingen (s. auch Wanderung Nr. 3).

Die **Mittlere Alb** um Bad Urach und Kirchheim/Teck zählt zu den **vulkanreichsten Gegenden**. Daher finden wir hier auch Thermalbäder wie Bad Urach, Beuren, Bad Boll, Bad Ditzenbach und Bad Überkingen im Oberen Filstal.

Das Kalkgestein des Weißen Jura ist stark wasserdurchlässig. Das Niederschlagswasser versickert im klüftigen Gestein, bildet Rinnen und eine Vielzahl von **Höhlen**. Die bekanntesten hiervon sind die Bären-, Nebel- und Charlottenhöhle.

Die Stellen, an denen das Wasser nach seinem unterirdischen Lauf wieder zutage tritt, nennen wir **Karstquellen** oder **Quelltöpfe**, so der Blautopf und Brenztopf, der Lauterquelltopf in Offenhausen (Große Lauter), der Lautertopf bei Herrlingen (Kleine Lauter) und der Filsursprung bei Wiesensteig.

Das abfließende Wasser hat tief eingeschnittene, von Felsen umsäumte Täler gebildet. Nach Norden zum Neckar sind es z.B. die Flüsse (von Südwest nach Nordost) Schlichem, Eyach, Starzel, Erms, Fils, Rems, Kocher und Jagst, nach Süden zur Donau fließend Bära, Schmeie, Lauchert, Zwiefalter Aach, Große Lauter, Schmiech, Blau und Brenz. Die Aufzählung ist nicht vollständig.

Die Kehrseite des schnell versickernden Wassers ist bzw. war die arge **Wassernot** auf der Alb, der wasserärmsten Landschaft Deutschlands. Bis Ende des 19. Jahrhunderts mußte das kostbare Naß oft aus dem Tal mit Ochsengespannen hochgekarrt werden, wenn das in Hülen gesammelte Regenwasser verbraucht war (noch erhaltene Hülen, die heute der Ortsverschönerung dienen, finden wir z.B. in Stetten-Frohnstetten am Kalten Markt und in Römerstein-Zainingen). Die **Albwasserversorgung** mit Pumpstationen (beginnend 1871 durch den Cannstatter Ingenieur Karl von Ehmann) zählt deshalb zu den großen technischen Pionierleistungen für die Bewohner der Albdörfer (s. auch Wanderung Nr. 5).

So ist die Albhochfläche eine Karstlandschaft, mit zahlreichen Trockentälern, den charakteristischen reizvollen Wacholderheiden mit den typischen Silberdisteln und seltenen herrlichen Orchideenarten.

Entdecken Sie die Schwäbische Alb, die weiten und heiteren Formen der Landschaft, die Gegensätze von sanfter, welliger Hochfläche, steilen Felswänden und tiefeingeschnittenen Tälern. Wandern auf der Schwäbischen Alb ist ein Erlebnis. Hierzu wünsche ich Ihnen Wanderlust, erholsame – wenn gelegentlich auch anstrengende – Stunden und viel Freude.

Hinweise zum Gebrauch des Buches

Die im Buch beschriebenen Wanderungen beginnen mit einer Kurzübersicht zur Information „auf die Schnelle" über das Wesentliche:

Rechts oben das **Stichwort** weist auf das regionale Wandergebiet hin, z. B. Zollernalb.

Die **Überschrift** soll die Wanderregion kurz charakterisieren.

Der **Ausgangsort** (am 2. Tag auch Zielort) und dessen Erreichbarkeit, evtl. auch Bahnverbindung, sind beschrieben.

Die **Übernachtungsstätte** ist von mir persönlich ausgewählt worden und wird namentlich mit Anschrift und Telefonnummer ohne kommerziellem Interesse empfohlen. Bedenken Sie bitte, daß das Haus in das Gesamtkonzept einer 2-Tages-Wanderung „hineinpassen" muß, wobei die Wanderleistung am 2. Tag – wenn möglich – geringer sein soll als am 1. Tag.

Erst wenn die Übernachtung gesichert ist, kann mit der Vorbereitung begonnen werden. Die Zimmerreservierung sollte möglichst frühzeitig erfolgen, besonders in den Wandermonaten. **Ruhetage** sind nur bei den Häusern angegeben, von denen die nächstmögliche Übernachtungsstätte weiter entfernt ist.

Motto: Der Wanderer muß wissen, daß am Ziel für ihn ein Bett bereitsteht.

Bedenken Sie bitte, daß bei Gasthäusern und Wanderheimen Veränderungen eintreten können, weshalb die entsprechenden Angaben ohne Gewähr erfolgen.

Die **Tourenbeschreibung** mit Weglänge, Gehzeit, Steigung und eventueller Einkehrmöglichkeiten ist – getrennt für den 1. und 2. Tag – zum Vergleich und zur Zeitplanung gegenübergestellt.

Weitere Hinweise und Anregungen

Bergstöcke (Teleskop) erfreuen sich auch auf der Schwäbischen Alb zunehmender Beliebtheit. Besonders beim Abstieg werden die Gelenke wesentlich entlastet; auf rutschigen Wegen bieten sie Halt. Werden sie nicht benötigt, befestigen wir sie außen am Rucksack.

Bei den **Einkehrmöglichkeiten** sind Ruhetage und/oder Telefonnummer nur von den Häusern angegeben, die außerhalb und allein stehen und das nächste Gasthaus weiter entfernt ist.

Bei jeder Wanderung sollte eine kleine **Erste-Hilfe-Ausstattung** mitgeführt werden.

Ein **Fernglas** kann uns z. B. bei der Tierbeobachtung und zum Erkennen von weiter entfernten Wanderzeichen / Wegmarkierungen gute Dienste leisten.

Die zitierten **Gehzeiten** entsprechen dem normalen Wandertempo in ebenem oder leicht hügeligem Gelände; im Schnitt etwa 4 km/Std. Angegeben ist die reine Gehzeit ohne Pausen.

Sollte ihr vierbeiniger Wanderfreund, ihr **Hund**, mitwandern, wird er in den meisten Übernachtungsstätten aufgenommen, vorher aber unbedingt erfragen.

Die angegebenen **Parkplätze** zum Abstellen des Autos liegen innerhalb einer Ortschaft bzw. in/an bewohntem Gebiet.

Der **Rucksack** sollte etwa 30–35 Liter Volumen haben und mit Rückengestell und Hüftgurt ausgestattet sein. Außentaschen sind vorteilhaft. Absolut ungeeignet wären Trage- oder Umhängetaschen.

Motto: Der Rucksack soll so schwer wie nötig und so leicht wie möglich sein!
Ein gut gepackter Rucksack erhöht die Wanderfreude.

Griffbereit nach oben gehören Getränk, Imbiß und Wetterschutz. Unten die tagsüber nicht benötigten Sachen, die leichteren unten, die schwereren oben, Wäsche vor Nässe schützen.

Die angegebenen **Steigungen** enthalten nur die Anstiege, nicht die Abstiege.

Die richtigen **Schuhe** sind sehr wichtig. Erforderlich sind stabile und wasserdichte Wanderschuhe mit griffiger Profilsohle. Auf ein gedämpftes Fußbett (Fersenbereich) und Zwischensohle ist zu achten; ein hoher Schaft umschließt und schützt die Knöchel. Beim Kauf der Schuhe Zeit lassen; bei der Anprobe dicke Socken tragen. Der Schuh darf nicht drücken. Regel: Lieber eine Nummer größer als normal kaufen.

Für gute **Trittsicherheit** sind stabile Wanderschuhe (s. o.) erforderlich. Nicht selten gehts über steinige Wege mit Wurzeln überzogen, feucht, rutschig oder mit nassem Laub bedeckt. Hier sind leichte Schuhe oder Halbschuhe mit glatter, einfacher Sohle ungeeignet. Sie bieten keinen Halt und damit auch keine Trittsicherheit.

Das Mitführen der jeweils zitierten **Wanderkarte** wird dringend empfohlen. Bei den Wanderbeschreibungen wird auf bestimmte Flur- und Waldstücke sowie Waldränder, Fahrwege, Straßen- und Weggabelungen verwiesen. Deshalb ist es erforderlich, daß der Wanderer die gleichen Karten verwendet wie der Wanderbuchautor. Die **Topographische Karte 1 : 50000** mit Wander- und Radwegen kann bezogen werden beim Landesvermessungsamt Baden-Württemberg, Büchsenstraße 54, 70174 Stuttgart, Tel. (0711) 123-2831 oder über den Buchhandel. Achten Sie beim Kauf auf das Ausgabejahr. Die Karten werden regelmäßig alle fünf Jahre neu herausgegeben. Wandern Sie nicht mit alten Karten.

Eine **Lupe** kann beim Lesen der Wanderkarte sehr hilfreich sein.

Jeder Wanderung ist eine **Übersichtsskizze** beigefügt. Der zweitägige Wanderweg mit Ausgangs- und Übernachtungsort ist vereinfacht und übersichtlich dargestellt. Die weiteren von der Wanderung berührten Orte, markanten Stellen und Einkehrmöglichkeiten sind aufgeführt.

Die Skizzen dienen somit der Kurzinformation, ersetzen jedoch nicht die oben erwähnten Wanderkarten.

Die genaue **Kenntnis** von **Weglänge, Gehzeit** und **Steigung** ist unter Berücksichtigung der vorgesehenen Pausen zur Ermittlung des gesamten Zeitbedarfs eines Tages besonders wichtig. Enttäuschungen können dadurch vermieden werden.

Die im Buch verwendeten Wanderzeichen in Form von Täfelchen, Farbmarkierungen und Wegweisern, an denen sich der Wanderer orientiert, sind vom **Schwäbischen Albverein** angebracht. Seine Gründung erfolgte 1888. Mit über 120000 Mitgliedern ist er der größte Wanderverein Deutschlands.

Ein Wegenetz von mehr als 14000 Kilometern mit Wanderheimen, Schutzhütten und Aussichtstürmen ist sehr gut erschlossen. Den **ehrenamtlichen Mitarbeitern und Helfern** des Schwäbischen Albvereins, die das Wegenetz unterhalten und damit dem Wanderfreund den richtigen Weg weisen, sei dafür an dieser Stelle ein **herzliches Dankeschön** gesagt.

Auf die Wanderheime und Aussichtstürme des Schwäbischen Albvereins im Anhang dieses Buches wird hingewiesen.

Abkürzungen

AP	Aussichtspunkt
AT	Aussichtsturm
AV	Albverein
DAV	Deutscher Alpenverein
ehem.	ehemalige(r) / ehemals
HW	Hauptwanderweg
Min.	Minute(n)
ND	Naturdenkmal
NSG	Naturschutzgebiet
R.	Ruine
s.	seit
SAV	Schwäbischer Albverein
Std.	Stunde(n)
Wbh	Wasserbehälter

Wanderzeichen des Schwäbischen Albvereins

Dreieck	▷
Dreiblock oder Gabel	—<
Raute	◇
Strich	▭
Winkel	>
Scheibe	○
Kreuz	+
Hufeisen	⊂

In der Natur erscheinen die Wanderzeichen in den Farben

rot – blau – gelb

In den Wanderkarten 1 : 50 000 sind alle Wanderwege rot eingetragen. Welche Farbe in der Natur erscheint, entnehmen wir der Karte. Es bedeuten

auf der Karte				*in der Natur*
durchzogene Linie	————————	▷	————————	rot
gestrichelte Linie	– – – – – – – –	▷	– – – – – – – –	blau
Strich-Punkt-Linie	–·–·–·–·–·–	▷	–·–·–·–·–·–	gelb

In Einzelfällen werden im Buch auch örtliche Wanderzeichen angeführt, wie z. B. Wegziffer 4 oder Rundwanderweg.

Die Ausgangsorte der 2-Tages-Wanderungen auf der Schwäbischen Alb

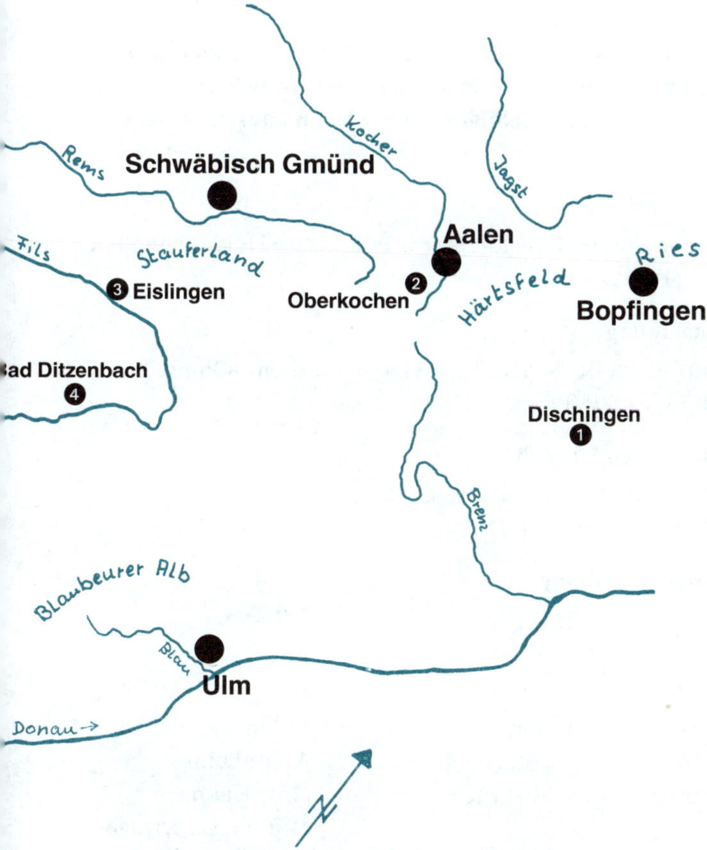

Abgeänderter Auszug aus der Broschüre „Die ganz natürliche Erholung“, 1997, mit freundlicher Genehmigung der Touristik-Gemeinschaft Schwäbische Alb, 72574 Bad Urach

1

Eine beschauliche Wanderung über das Härtsfeld zur berühmten Abteikirche von Neresheim

Eine Landschaft von herber Schönheit. Wir wandern über Wacholderheiden, durch ein Trockental, in lichten Wäldern und auf der weiten Hochfläche über altes Kultur- und Bauernland.

Ausgangsort

Dischingen, etwa 15 Kilometer ostwärts von Heidenheim auf der Ostalb

Übernachtung

Landhotel ZUR KANNE, 73450 Neresheim-Ohmenheim, Tel. (07326) 8080

Wanderkarten 1 : 50000

L 7326 Heidenheim a. d. Brenz
L 7328 Höchstädt a. d. Donau

Tourenbeschreibung

	1. Tag	**2. Tag**
Weglänge:	18 km	18 km
Gehzeit:	4 1/2 Std.	4 1/2 Std.
Steigung:	150 m	130 m
Einkehr-möglichkeiten:	Kloster-Gaststätte	Auernheim Ghs. Kanne Öffnungsz. erfragen Tel. (07326) 7826

1. Tag
Dischingen – Katzenstein – Schrezheim – Kloster Neresheim – Ohmenheim

Wir parken in der *Ortsmitte* von *Dischingen*, wo auch unsere Wanderung mit dem roten Dreieck (HW 2) beginnt. Vom *Rat-*

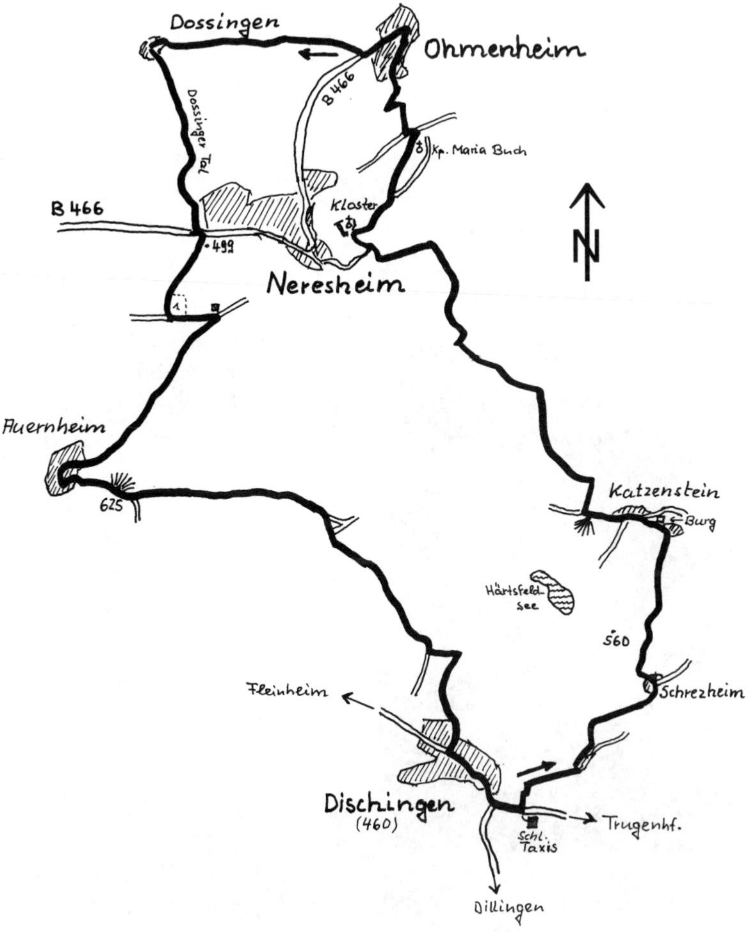
Dossingen
Ohmenheim
B 466
Dossinger Tal
Kp. Maria Buch
B 466
Kloster
499
Neresheim
Auernheim
625
Katzenstein
Burg
Härtsfeld-
see
560
Schrezheim
Fleinheim
Dischingen
(460)
Trugenhf.
Schl.
Taxis
Dillingen

haus weg geht es auf der *Straße nach Dillingen* und an der nächsten Straßengabelung nach links in *Richtung Trugenhofen* zum *Schloß Taxis*. Hier mit dem roten Dreieck nach links auf einen Alleeweg und an der nächsten Wegkreuzung rechts durch den Wald an die Straße. Dort folgen wir dem neuen Zeichen roter Dreiblock links nach *Schrezheim* (1 Std.).
Im Ort an der *Bushaltestelle* geht es *geradeaus*. Kurz nach den letzten Häusern an der Weggabelung rechts in den nahen Wald und durch diesen geradeaus. Nach Waldaustritt genießen wir einen schönen Blick auf die weit übers Härtsfeld ragende *Burg Katzenstein*. Wir wandern in das gleichnamige Dorf abwärts (1/2 Std. s. Schrezheim).

Burg Katzenstein, Wehrbau aus der Stauferzeit, ursprünglich romanisch, des öfteren umgebaut; derzeit geschlossen, Privatbesitz.

An der *Burg vorbei* wandern wir hinunter *zur Hauptstraße*, diese kurz nach links und bei der nächsten *Straßengabelung rechts* hinaus *zur Anhöhe*. Wir blicken auf den Härtsfeldsee, dahinter Dischingen. Markierungsgemäß gehen wir rechts, bei der nächsten Wegteilung links und nach etwa 100 m rechts auf einen Feld- später Wiesenweg zum nahen Waldrand. *Aufpassen*: Vor Erreichen einer flachen Talmulde biegt unser Weg mit dem roten Dreiblock und zusätzlich dem weiß-blauen Balken nach links in den Wald (etwa 15 Min. seit Erreichen des Waldrandes). Bald mündet unser Pfad im Wald in einen Fahrweg, auf dem wir in der bisherigen Richtung weiter-

gehen und kurz danach auf einen breiten Schotterweg stoßen. Auf diesem gehts gut markiert mit dem roten Dreiblock nach rechts. Nach etwa 10 Min. erreichen wir die erste markante Kreuzung, wo wir nach links abwärts gehen und auf der Talsohle – linke Hand eine kleine Hütte – abermals auf einen Schotterweg stoßen. Hier rechts leicht aufwärts und nach etwa 15. Min. an einer Kreuzung links weiterhin leicht ansteigend zum Waldrand. Etwa 50 m vor Waldaustritt weist der rote Dreiblock nach rechts im Waldrandbereich entlang.
Wir aber bleiben auf unserem Weg, treten aus dem Wald und wandern über Wiesen mit prächtigem Blick zur „Königin des Härtsfelds“ (wie die Abteikirche auch genannt wird) zum *Kloster Neresheim* (1 3/4 Std. s. Katzenstein).

Abteikirche Neresheim. Die Kirche wurde 1745–1792 nach Vorlagen des berühmten Baumeisters Balthasar Neumann errichtet; großartige Kuppelarchitektur; die Kuppelfresken (Deckengemälde) von Martin Knoller sind Glanzpunkte barocker Malkunst; in den zurückliegenden Jahren umfangreiche Renovierungen.

Die Abteikirche von Neresheim

Nach *Verlassen des Klosters* gehen wir *links entlang der Mauer* zur Straße. Auf dieser etwa 300 m nach links und dort mit dem *Wegweiser Maria Buch* und *Adalbert-Seifried-Weg* nach links in den Wald. An der Kapelle Maria Buch vorbei gehen wir zur Straße hinauf, dort 50 m nach links und danach rechts abbiegend den Adalbert-Seifried-Weg über freies Gelände leicht aufwärts. Von der Anhöhe aus erblicken wir *Ohmenheim* mit seinem hohen Kirchturm. Unser Weg führt nach links und nach wenigen Metern rechts *hinunter ins Dorf*, wo wir nahe der Kirche im Landhotel Zur Kanne einkehren und übernachten werden (knapp 1 Std. s. Abteikirche Neresheim).

2. Tag

Ohmenheim – Dossingen – B 466 – Auernheim – Dischingen

Wir verlassen Ohmenheim auf der *Straße nach Neresheim*. Am Ortsausgang nach dem Sportplatz geht es nach rechts auf einem Fahrsträßchen (nicht markiert) geradeaus hinunter nach *Dossingen* (3/4 Std.).

Im Dörflein weist uns die rote Raute nach *links ins Dossinger Tal*. Bei der nächsten Weggabelung folgen wir nicht dem Wanderzeichen, sondern wandern nach rechts vor zur *B 466* (1/2 Std. s. Dossingen). Über diese hinweg und geradeaus in Richtung Auernheim. An der ersten Weggabelung nach dem Brücklein gehen wir links das Fahrsträßchen leicht aufwärts (links die Härtsfeld-Albuch-Wasserversorgung). Am Ende des nahen Tannenwaldes (Wegkreuzung) gehen wir links zu einem Aussiedlerhof. Hier nach rechts mit dem roten Dreiblock über die weite Fläche des Härtsfelds an Wiesen und Äckern entlang nach *Auernheim* (1 1/4 Std. s. der B. 466).

Durch den Ort wandern wir mit der roten Raute die *Auertalstraße* aufwärts zur *Höhe 625*. Letztmals auf unserer Wanderung genießen wir den freien Blick auf das Härtsfeld mit seiner berühmten Kirche über Neresheim. Unmittelbar nach dieser Anhöhe gelangen wir zu einer Weggabelung, wo wir nach links gehen und geradeaus durch den Wald wandern. Nach Waldaustritt biegen wir vom bisherigen Weg nach links auf einen Feldweg *(Aufpassen:* Die Abbiegung ist mit einem Pfeil markiert). Nach etwa 250 m geht es nach rechts und danach geradeaus in das vor uns liegende *Dischingen* (2 Std. s. Auernheim).

Wir haben das Härtsfeld mit seinen Wacholderheiden, weiten Hochflächen und sanften Höhenzügen entdeckt, die berühmte Neresheimer Abteikirche bewundert und stille, lichte Wälder durchwandert. Die Fahrt auf die Ostalb hat sich gelohnt.

2

Vom Kocherursprung zum Brenztopf und durchs Wental auf den Volkmarsberg

Eine abwechslungsreiche Wanderung zu einem der schönsten Quelltöpfe der Alb, durch weite Wälder, einem reizvollen Trockental und Heidelandschaften.

Auf dem Volksmarsberg

Ausgangsort

Oberkochen, an der B 19 zwischen Heidenheim und Aalen, Bahnverbindung

Übernachtung

Landhotel WENTAL, 73566 Bartholomä,
Tel. (07173) 97819-0, an der Straße
Bartholomä – Steinheim
Ruhetag: Montag (nur von Oktober bis März)

Wanderkarte 1 : 50000

– L 7326 Heidenheim an der Brenz

Hinweise

Dank der geringen Steigungen und schattiger Waldwege kann die Tour auch an sehr warmen Sommertagen gegangen werden. Aus denselben Gründen eignet sie sich besonders für Anfänger von 2-Tages-Wanderungen.

Tourenbeschreibung

	1. Tag	**2. Tag**
Weglänge:	20 km	16 km
Gehzeit:	5 1/2 Std.	4 Std.
Steigung:	180 m	140 m
Einkehrmöglichkeiten:	Ziegelhütte, Königsbronn	Irmannsweiler, Ghs. Tauchenweiler, SAV-Hütte auf dem Volksmarsberg (geöff. Wochenende/Feiert.)

1. Tag
Oberkochen – Kocherursprung – Ziegelhütte – Königsbronn – Wental-Schutzhütte (auch Steinhüttle) – Wental – Ghs. Wental

Wir parken in der *Ortsmitte von Oberkochen*. Auf der *Heidenheimer Straße* und *Wacholdersteige* geht es *ortsauswärts*. Mit dem roten Dreiblock gelangen wir zum *Kocherursprung*, der Karstquelle des Schwarzen Kocher. Anschließend führt der Weg wenige Meter *zurück zum Parkplatz*, wo wir nach rechts auf das Teersträßchen entlang des Bahngleises abbiegen. Nach der Ziegelhütte geht es bei der Weggabelung nach links. Bei Erreichen des Bahngleises halten wir uns rechts (nicht durch die Unterführung) zur Ortsmitte von *Königsbronn* (1 1/4 Std.). Wir folgen dem Zeichen roter Strich (HW 4) zum idyllischen, an einer Felswand gelegenem *Brenztopf*, einem der schönsten Quelltöpfe der Alb. Das Wasser fließt zur Donau. Nur 4 km Luftlinie nördlich von hier standen wir vorhin am Kocherursprung; sein Wasser fließt zum Rhein. Beide Flüsse trennt eine kaum merkliche Talwasserscheide.

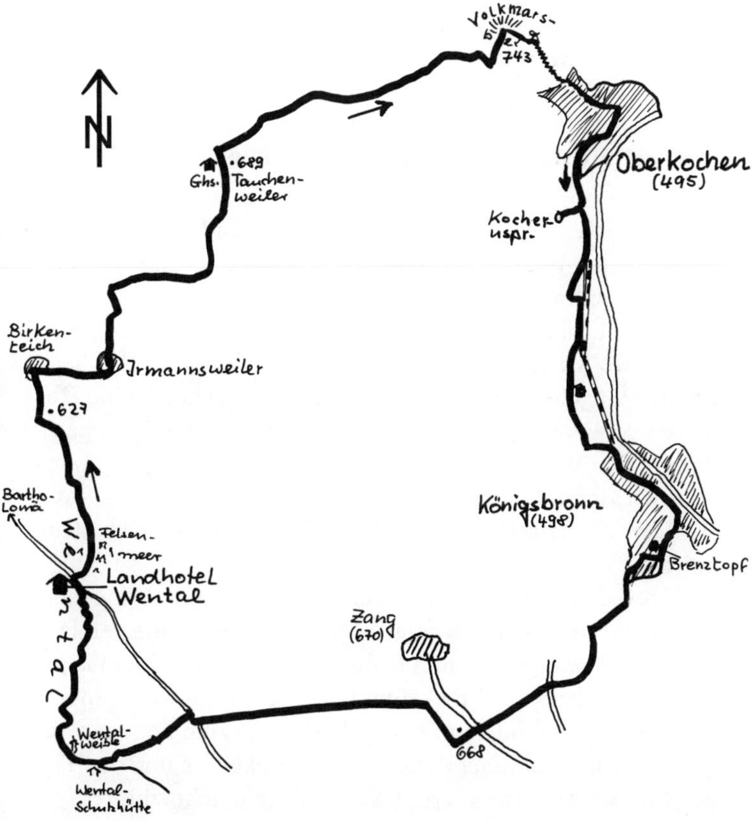
N
Volkmars-
743
Oberkochen
(495)
Kocher-
uspr.
Königsbronn
(498)
Brenztopf
Zang
(670)
668
Ghs. Tauchen-
weiler
•689
Birken-
teich
Irmannsweiler
•627
Bartho-
lomä
Felsen-
meer
Landhotel
Wental
Wental
Wental-
weible
Wental-
Schutzhütte

Weiter geht es rechts die *Stufen aufwärts*. Oben folgen wir dem gelben Dreiblock nach rechts, gehen durch die *Waldsiedlung* und später am Waldrand entlang, eine Straße überquerend. Etwa 10 m nach der Straße weist uns das Zeichen nach rechts in den Wald (Markierung beachten!). Der Pfad verläuft parallel zur Straße. Nach etwa 15 Min. stoßen wir auf den *Spichtweg*, dem wir nach links – neues Zeichen gelbe Raute – folgen und nach etwa 5 Min. zu einer *markanten Wegkreuzung* gelangen (1 1/4 Std. s. Königsbronn).

Hier verlassen wir unseren bisherigen Weg und wandern *geradeaus* mit der *Wegweisung Wental-Schutzhütte* (auch Steinhüttle) weiter. Ohne fehlgehen zu können überqueren wir nach etwa 10 Min. die erste und nach weiteren 15 Min. die zweite Straße, wo wir auf die freie Hochebene gelangen (rechts liegt Zang). Wir gehen den ersten Feldweg nach rechts über die Höhe 668 geradeaus zum sichtbaren Waldeck. Dort geht es nach links in den Wald. Auf dem ebenem gut markierten Weg wandern wir durch lichten Wald – das letzte Stück abwärts – ins *Wental zur Schutzhütte* (2 Std. s. Wegkreuzung nach dem Spichtweg).

Bizarre – meist freistehende – Felsen umgeben uns. Wir gehen rechts und stehen nach wenigen Metern am bekanntesten Felsen, dem *Wentalweible* mit kleinem Gipfelkreuz. In dem landschaftlich reizvollem Trockental kommen wir an weiteren imposanten Felsgebilden vorbei und gelangen zum heutigen Tagesziel, dem *Landhotel Wental*, wo wir einkehren und den Tag beschließen werden (knapp 1 Std. s. Wental-Schutzhütte).

2. Tag
Ghs. Wental – Birkenteich – Irmannsweiler – Ghs. Tauchenweiler – Volkmarsberg – Oberkochen

Wir gehen *über die Straße* und *geradeaus* mit der gelben Raute ins *Felsenmeer*, das auf einer Länge von 500 m aus etwa 30 unterschiedlich großen, turm- oder blockartig gebildeten, meist freistehenden Felsen besteht. Am *Hexenloch* (Karstspalt) vorbei und nach Waldende bei der Dolinen-Untergrundversickerung rechts nach *Birkenteich*. Hier wieder nach rechts in das 1 km entfernte *Irmannsweiler* (gut 1 Std.).
Am großen *Kastanienbaum* in der Dorfmitte weist uns die Wegziffer 16 (sonst kein Zeichen) *nach links zum Dorf hinaus*. Am Ortsende bei der Weggabelung gehen wir rechts, beschreiten aber den linken der beiden rechtsabbiegenden Wege. Bei der nächsten Weggabelung nochmals rechts leicht abwärts zum Waldrand. Hier folgen wir dem Fahrweg abermals nach rechts mit der gelben Raute in Richtung Volkmarsberg und gehen bei der nächsten Wegteilung nach rechts, an zwei kleinen Dolinen (ND) vorbei, in den Wald. Auf dem gut markiertem Weg gelangen wir nach Waldaustritt zum *Ghs. Tauchenweiler* (1 Std. s. Irmannsweiler).
Am Gasthaus geht es noch wenige Meter geradeaus zur Weggabelung und dort nach rechts auf dem HW 1, mit dem roten Dreieck gut markiert, zum *Volkmarsberg* (1 Std. s. Tauchenweiler).
Eine reizvolle Heidelandschaft mit alten freistehenden Bäumen ziert die Bergkuppe; SAV-Hütte und AT sind leider nur an Wochenenden und Feiertagen geöffnet. Nach schöner Aussicht auf die Ostalb geht es auf dem Zickzackweg mit roter Raute abwärts nach *Oberkochen* (3/4 Std. s. Volkmarsberg).

3

Auf den Spuren der Staufer

Eine zünftige Wanderung durchs reizvolle Stauferland. Wir erleben Geschichte. Und das nicht nur auf dem „Kaiserberg“ Hohenstaufen, der Stammburg des mächtigen Herrschergeschlechts im Mittelalter.

Ausgangsort

Eislingen/Fils, an der B 10 zwischen Göppingen und Geislingen an der Steige, Bahnverbindung

Übernachtung

Landgasthof HÖLZLE, 73550 Waldstetten-Weilerstoffel, Tel. (07171) 4005-0

Wanderkarte 1 : 50000

L 7324 Geislingen / Steige

Hinweise

Für die aussichtsreiche und geschichtsträchtige Wanderung mit Besuch des Dokumentationsraumes für staufische Geschichte sollte genügend Zeit eingeplant werden.

Blick vom Hohenstaufen: Hohenrechberg und Stuifen

Wenn möglich, wird empfohlen, die an Sonntagen gut besuchten Aussichtsberge und einige stark frequentierten Wege besser werktags zu wandern.

Tourenbeschreibung

	1. Tag	**2. Tag**
Weglänge:	23 km	18 km
Gehzeit:	6 1/2 Std.	gut 4 Std.
Steigung:	600 m	350 m
Einkehrmöglichkeiten:	Hohenstaufen (Ort), Wanderheim auf dem Hohenstaufen (Mo Ruhetag), Hohenrechberg (Burgschenke u. Ghs. bei der Wallfahrtskirche Rechberg (Ort)	Winzingen, Reichenbach u. R., Staufeneck (Do Ruhetag), Salach

1. Tag

Eislingen – Hohenstaufen – Hohenrechberg – Rechberg (Ort) – südlich Stuifen Heerstraße – Tannweiler – Weilerstoffel

Wir parken am *östlichen Ortsrand von Eislingen* beim *Schul- und Sportzentrum Ösch*. Entlang dem Flüßchen Krumm gehen wir in etwa 10 Min. zur *Hauptstraße* vor. Hier mit dem blauen Strich nach rechts über die *Hohenstaufenstraße* und dem *Tälesweg* ortsauswärts und den Fußweg über die Obstbaumwiese leicht ansteigend. Auf der Anhöhe erblicken wir links unser erstes Ziel, den Hohenstaufen mit dem Dorf, rechts auf der Anhöhe den Aussichtsturm der Burgruine Staufeneck, zu der wir morgen auf unserer Wanderung noch kommen werden. Unser Weg führt geradeaus in den Wald. Wir stoßen auf einen Fahrweg, den wir mit dem Zeichen blaues Kreuz links gehen. Auf halber Höhe am Waldrand eröffnet sich uns ein schöner Blick über das Ottenbacher Tal und Rehgebirge hinüber zum Rechberg und Stuifen. Kurz vor Waldaustritt mündet unser Weg in den HW 7 mit dem roten Strich. Wir gehen durchs Dorf auf der Kaiserberg-Steige hinauf zum

Dokumentationsraum für staufische Geschichte (1 1/2 Std.). Ein kleines Museum neben der Barbarossakirche am Fuße der einstigen Stammburg. Die sehenwerte Ausstellung informiert knapp über das Geschlecht der Staufer, die Nachbarburgen der Region und über den Hohenstaufen als Denkmal deutscher Geschichte.
Geöffnet: 15. März bis 15. November täglich; 8.30–12.00 Uhr und 14.00–17.00 Uhr, Eintritt frei

Etwa 10 Min. benötigen wir für den Anstieg auf den

Gipfel des Hohenstaufen. Nur noch wenige Mauerreste zeugen von der ehemaligen Burg.
Hohenstaufen, Rechberg und Stuifen, auch die „Drei Kaiserberge" genannt, blieben als **Zeugenberge** erhalten. Ihr härteres Gestein widerstand der Erosion. Sie „zeugen" davon, wie weit nach Norden die Schwäbische Alb einst gereicht hat; sie liegen heute somit „vor der Alb". Besonders deutlich ist dies vom Hohenstaufen und vom Aasrücken aus zu sehen; der Blick hinüber zum Albrand vom Rosenstein (links) bis zur Achalm (auch ein Zeugenberg) mit Roßberg dahinter ist beeindruckend. Kupferplatten mit eingravierten Ortsangaben ermöglichen eine gute Orientierung.

Weiter geht es abwärts in Richtung Hohenrechberg zur Straße und an dieser entlang *über den Aasrücken*. Nochmals genießen wir eine schöne Sicht rechts hinüber zum Albtrauf und links hinunter ins Remstal mit Schwäbisch Gmünd, der ältesten bezeugten staufischen Stadtgründung und über dem Tal die Höhen des Schwäbischen Waldes.

Nach der Straßengabelung weist uns das Zeichen rotes Kreuz geradeaus am Waldrand aufwärts. Wir gelangen nach *Rechberg*, gehen am Ortseingang den *Schloßbühlweg* links und danach gut markiert zur

Burgruine Hohenrechberg, die im 12. Jh. erbaut und 1865 durch Blitzschlag zerstört worden ist. Die beeindruckende Burgruine liegt auf einem Vorsprung des eigentlichen Bergkegels. Mit ihren markanten Buckelquadern liefert sie ein anschauliches Beispiel

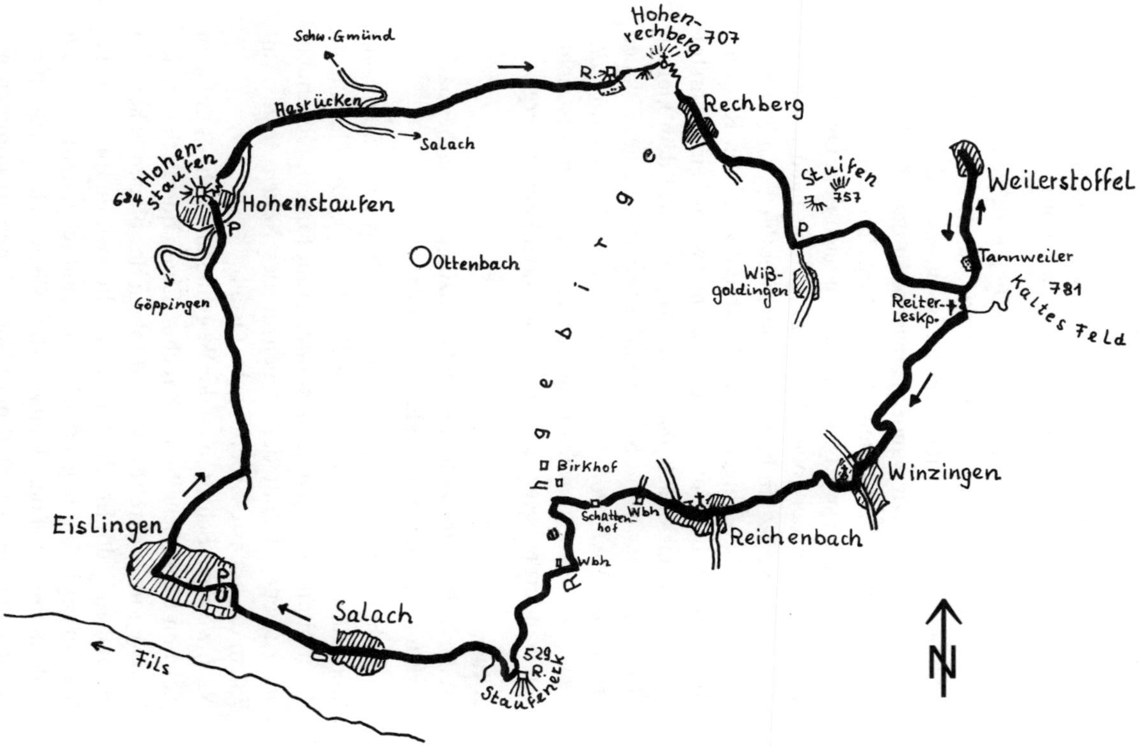

Weilerstoffel
Tannweiler
781
Kaltes Feld
Reiter-Leskp.
Stuifen
757
Hohen-rechberg 707
R.
Rechberg
P
Wiß-goldingen
Schw. Gmünd
Asrücken
Salach
Hohen-staufen
634
Hohenstaufen
P
Göppingen
Ottenbach
Rehgebirge
Birkhof
Schatten-hof
Wbh
Wbh
Winzingen
Reichenbach
Eislingen
P
Salach
Fils
529
R.
Staufeneck
N

staufischer Bautechnik. Die von Rechberg stellten unter den Staufern Marschälle des Herzogtums Schwaben. Von hier hat man einen schönen Blick zum Hohenstaufen hinüber sowie über das Ottenbacher Tal und Rehgebirge hinweg zum Albtrauf.

Unser Weg geht hinauf zum *Hohenrechberg*, dessen Kuppe die von weitem sichtbare *Wallfahrtskirche* aus dem 17. Jh. schmückt. Die Sicht ins Remstal ist umfassend (2 Std. s.d. Hohenstaufen). Wir wandern abwärts mit dem Zeichen rotes Kreuz in Richtung Stuifen, *durchs Dorf Rechberg* die *Kaiserbergstraße* ortsauswärts. Knapp 200 m nach dem Ort geht es nach links, an der folgenden Weggabelung nach rechts mit dem roten Kreuz am Fuße des Stuifen entlang. Kurz vor der Ortschaft Wißgoldingen an der Wegteilung links in Richtung Reiterleskapelle. Gut markiert kommen wir auf eine Fahrstraße, der wir links nach *Tannweiler* folgen. Nach dem kleinen Ort verlassen wir die Straße und wandern mit dem blauen Strich nach *Weilerstoffel*. Unser Ziel ist der *Landgasthof Hölzle*, wo wir einen abwechslungsreichen und geschichtsträchtigen Wandertag beschließen (2 1/2 Std. s. Hohenrechberg).

2. Tag

Weilerstoffel – Reiterleskapelle – Winzingen – Reichenbach – Birkhof – Staufeneck – Salach – Eislingen

Wir gehen zurück nach *Tannweiler* und dort am letzten Haus links aufwärts zur *Reiterleskapelle* (1/2 Std.). Die Geschichte der uralten Linde daneben ist interessant (Tafel). Gegenüber der Kapelle verläuft der Höhenzug des *Kalten Feldes*, mit 781 m die höchste Erhebung der Ostalb.

Nach wenigen Schritten an der Weggabelung geht es mit dem Zeichen blaue Scheibe nach rechts. Einen querverlaufenden Fahrweg überschreiten wir und folgen der blauen Scheibe in den nahen Wald. Bei der Lichtung halten wir uns links und gehen am gegenüberliegenden Waldeck auf schmalem Pfad zum Wald hinaus. Auf dem Fahrweg (bei Nässe nicht mit der blauen Scheibe auf den Pfad nach links abbiegen) kommen wir nach *Winzigen* (knapp 3/4 Std. s. Reiterleskapelle).

In der *Dorfmitte* – ab hier bis zum Birkhof ohne Markierung – gehen wir vor der Volksbank nach rechts die *Ramprechtstraße* ortsauswärts nach *Reichenbach* (1/2 Std. s. Winzingen).
Wir durchqueren den Ort geradeaus. *Aufpassen*: Auf der *Rechberger Straße* nach dem Ghs. *Bürgerstüble* gehen wir noch etwa 100 m bis zum *Haus Nr. 25*. Dort den kaum erkennbaren *Wiesenfahrweg nach links* über eine Obstbaumwiese *aufwärts* zum Wasserbehälter. Weiter gehts geradeaus durch den *Schattenhof* und 1/4 Std. danach sind wir oben am *Birkhof*, auf dem Kammweg des *Rehgebirges*. Wir schauen ins Tal nach Reichenbach. Diese hügelige Landschaft wird wegen ihrer zahlreichen Einzelhöfe auch als das „Allgäu des Stauferlandes“ bezeichnet. Wir wandern nach links – ab hier wieder markiert – mit dem blauen Strich am Waldrand entlang (nicht rechts abwärts). Die Sicht hinüber zum Hohenstaufen und Rechberg ist besonders schön. Nach einem Gehöft links kommen wir auf der Lichtung (Weideflächen) zu einem Wasserbehälter. *Aufpassen*: Etwa 60 m danach geht es nach rechts auf einem Wiesenweg zum nahen Waldrand. Dort links mit dem blauen Strich zur nahen Traufkante, wo wir nach rechts abbiegend in gut 20 Min. *Staufeneck* erreichen. (1 3/4 Std. s. Reichenbach).

Die **Burgruine Staufeneck** zählt zu den eindrucksvollsten aus staufischer Zeit. Beachtlich ist auch hier wie bei Hohenrechberg die Buckelquaderbauweise. Vom etwa 30 m hohen Aussichtsturm haben wir eine herrliche Sicht ins Filstal und hinüber zum Albtrauf.

Wir verlassen den Burghof – die letzte Spur der Staufer auf unserer Wanderung – und gehen die *Straße links abwärts*. Auf ihr bleibend (nicht mit dem blauen Strich nach links) kommen wir nach *Salach*. Auf unserer Straße geht es geradeaus durch den Ort hinaus. Schon sehen wir den Ortsrand von *Eislingen*, wo wir in Kürze unsere Wanderung im Stauferland beenden (1 Std. s. Staufeneck).

4

Wir entdecken das Obere Filstal
Vom Oberbergfels übern Wasserberg zum Fuchseck

Eine stramme Wanderung zu aussichtsreichen Felsen in einem der reizvollsten Landstriche der Schwäbischen Alb.

Ausgangsort

Bad Ditzenbach, an der B 466 zwischen Geislingen/Steige und Wiesensteig

Übernachtung

WASSERBERGHAUS, SAV-Wanderheim auf dem Wasserberg, 73337 Bad Überkingen, Tel. (07161) 811562, Ruhetage: Dienstag und Mittwoch

Wanderkarten 1 : 50000

- L 7324 Geislingen a. d. Steige
- L 7524 Blaubeuren

Hinweis

Wegen der Ruhetage im Wasserberghaus sollte die Wanderung nicht am Dienstag oder am Mittwoch beginnen.

Tourenbeschreibung

	1. Tag	**2. Tag**
Weglänge:	22 km	15 km
Gehzeit:	6 1/2 Std.	4 Std.
Steigung:	540 m	270 m
Einkehrmöglichkeiten:	Ghs. Burgruine nahe Buschelkapelle (Mo Ruhetag), Hausen	keine Einkehrmöglichkeit unterwegs

1. Tag
Bad Ditzenbach – AV-Hütte Hiltenburg – Parkplatz Schonterhöhe – Oberbergfels – Buschelkapelle – Kilianskreuz – Hausen a.d. Fils – Weigoldsberg – Wasserberghaus

Genügend Parkplätze bietet der Kur- und Thermalbadbereich. Wir überqueren die *B 466 (Ampel)* und gehen auf der *Helfensteinstraße*, der *Fahrstraße* nach *Aufhausen*, über die Fils. *Nach der Brücke* gemäß dem grünen Wegweiser „Hiltenburg / AV-Hütte“ zum nahen Waldrand. Bei der dortigen Weggabelung noch wenige Schritte geradeaus und gleich mit der roten Raute nach links auf schmalem Pfad waldaufwärts. Wir gelangen zur AV-Hütte (3/4 Std.).
Die rote Raute weist uns nach rechts zum Oberbergfels. Bei der nächsten Weggabelung links und kurz danach an einer erneuten Weggabelung rechts waldaufwärts. Oben auf dem Trauf folgen wir dem neuen Zeichen roter Dreiblock. Mit schönen Ausblicken ins Obere Filstal wird der *Parkplatz Schonterhöhe* erreicht. Hier gehen wir etwa 250 m auf dem Fahrweg zur Straße, überqueren diese und gelangen auf der gegenüberliegenden Traufkante zum *Oberbergfels* (1 1/2 Std. s. AV-Hütte).

Der **Oberbergfels** ist ein mächtiger Felsklotz, dessen vorderste Kante durch einen schmalen Spalt vom Gesamtblock getrennt ist (Erosion). Wir schauen in das landschaftlich reizvolle Obere Filstal mit Bad Ditzenbach und links auf den Schloßberg mit Mauerresten der Ruine Hiltenburg, rechts Deggingen, darüber die Nordalb.

Bei unserem Weiterweg lassen wir uns nicht durch andere Wegweiser (z.B. über Deggingen) zum Wasserberg irritieren. Wir gelangen zur *Buschelkapelle* im Bereich der *ehemaligen Burg Berneck*. Weiter geht es zum *Kilianskreuz* mit herrlicher Aussicht nach Deggingen. *Aufpassen*: Etwa 1/2 Std. danach Weggabelung. Hier gehen wir mit der roten Raute links abwärts nach *Hausen a.d. Fils* (1 1/2 Std. s. Oberbergfels).
In der Ortsmitte biegen wir *nach der Kirche* nach *links* in die *Lammgasse*, wo uns später die rote Raute nach rechts an einer

größeren Halle vorbei zum Ort hinausführt. Über Obstbaumwiesen erreichen wir den Waldrand des *Weigoldsberges*, steigen drei kurze Kehren aufwärts und gelangen auf einen eben verlaufenden Fahrweg, dem wir nach rechts folgen. Wo dieser später in einer Haarnadelkurve nach links verläuft, gehen wir geradeaus weiter und kommen nach etwa 300 m zum Wald hinaus. Rechts liegt Unterböhringen mit seinem schmucken Zwiebelkirchturm, links Reichenbach und gegenüber der Haarberg. Wir gehen geradeaus, überschreiten die Straße und wandern auf breitem Schotterweg gemächlich steigend durch das NSG „Haarberg-Wasserberg". Eine Wacholderheide am rechten Hang bietet ein reizvolles Bild. Auf der Hochfläche können wir von der nahen Traufkante aus noch einen schönen Blick ins Tal genießen, bevor wir das SAV-Wanderheim *Wasserberghaus* erreichen, wo wir übernachten werden (2 Std. s. Hausen).

Blick vom Haarberg auf Reichenbach, re. im Hintergrund der Wasserberg, li. das Fuchseck

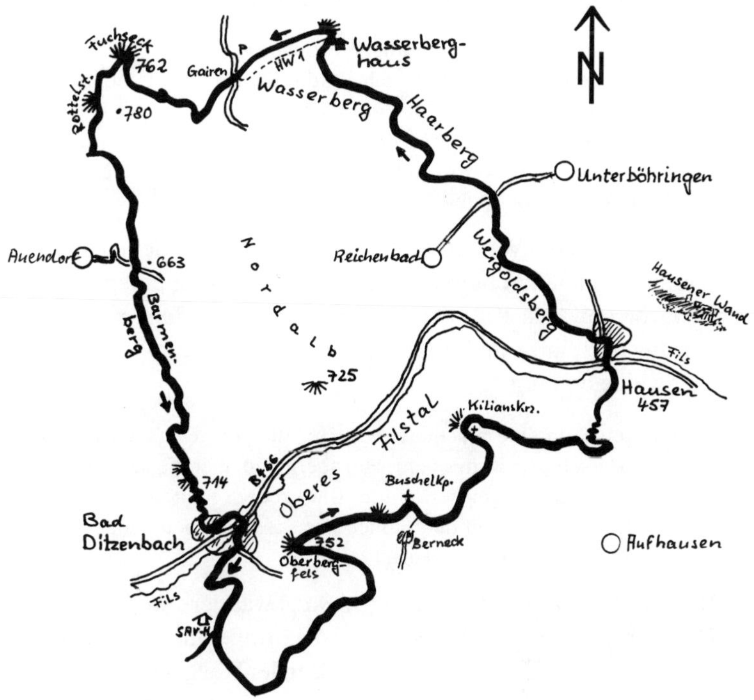
Fuchseck
762
Rottelst.
780
Gairen
P
HW1
Wasserberg-
haus
Wasserberg
Haarberg
Unterböhringen
Reichenbad
Auendorf
663
Nordalb
Weigoldsberg
Hausener Wand
Barmen-
berg
725
Fils
Hausen
457
Kilianskrz.
Filstal
Oberes
B466
714
Buschelkp.
Bad
Ditzenbach
752
Oberberg-
fels
Berneck
Aufhausen
Fils
SAV-H

2. Tag
Wasserberghaus – Gairenhof – Fuchseck – Rottelstein – Barmenberg – Galgenberg – Bad Ditzenbach

Hinweis zum Beginn der heutigen Wanderung
Wir können den Gairenhof auch auf direktem Weg mit dem roten Dreieck links abwärts in gut 1/4 Std. erreichen.
Wegen der sehr schönen Aussicht und der kurzen Wanderstrecke des heutigen Tages wird jedoch empfohlen, der nachstehenden Wegbeschreibung zu folgen.

Wir verlassen das Wasserberghaus nach rechts mit dem blauen Dreieck und gehen bereits nach wenigen Metern einen Zickzackweg abwärts. Kurz danach an der Weggabelung wenden wir uns nach links und wandern mit der Wegziffer 4 an einer Viehweide entlang.

Wir genießen eine prächtige Aussicht, die von rechts nach links vom Messelberg, Kaltes Feld, Hornberg und über die als Zeugenberge der Alb vorgelagerten drei Kaiserberge Stuifen, Rechberg und Hohenstaufen zu den Höhen des Schwäbischen Waldes und weit vor ins Fils- und Neckartal reicht.

Beim *Gairenhof* mit Parkplatz (1/2 Std.) wandern wir auf dem HW 1 mit dem roten Dreieck über die Straße und gleich nach links auf dem Feldweg in den Wald. Bei der Weggabelung nach etwa 150 m geradeaus, aber bereits nach nur 100 m nach rechts waldaufwärts. Ohne fehlgehen zu können erreichen wir leicht steigend das *Fuchseck* (1 1/2 Std.).

Der Blick umfaßt das dichtbesiedelte Filstal mit den Städten Göppingen und Eislingen und den drei Kaiserbergen.

Unser Weg führt über den *AP Rottelstein* mit Sicht auf den Albtrauf bis zur Teck im Hintergrund. Kurz danach gelangen wir auf eine Hochwiese. Hier verlassen wir den HW 1 und wandern mit der roten Raute nach links in Richtung Bad Ditzenbach, zunächst am Waldrand, danach über die Wiese leicht abwärts in eine Senke mit Weggabelung und Mehrfachwegweisern; rechts im Tal liegt Auendorf. Wir gehen geradeaus weiter und verlassen unseren bisherigen Weg in der nächsten Rechtskurve geradeaus – nach 20 m rechts bleiben – auf die Höhe des *Barmenberges*. Über Wiesen, durchsetzt von Baum- und Buschreihen, wandern wir mit der roten Raute geradeaus über die Hochalb, bis uns das Zeichen nach rechts in einen Tannenhochwald weist. *Aufpassen:* Nach etwa 100 m verläuft unser kaum erkennbare Weg nach links zum Trauf zu den *Aussichtsfelsen des Galgenberges* (2 Std. s. Fuchseck). Unter uns liegt Bad Ditzenbach, gegenüber der Oberbergfels, den wir beim Abstieg über die Wacholderheide noch besser sehen werden.

Wir folgen der roten Raute auf dem Zickzackweg nach *Bad Ditzenbach* (1/2 Std.).

Silberdisteln unterwegs

5

Vom Kleinen Lautertal über die Blaubeurer Alb zum Blautopf

Eine beschauliche und nicht sonderlich anstrengende Wanderung durch das reizvolle Tal der Kleinen Lauter in die bekannte „Blautopfstadt“.

Ausgangsort

Herrlingen, Ortsteil der Gemeinde Blaustein, an der B 28 zwischen Ulm und Blaubeuren, Bahnverbindung

Übernachtung

Hotel ADLER, Karlstraße 8, 89143 Blaubeuren, Tel. (07344) 5027

Wanderkarte 1 : 50000

L 7524 Blaubeuren

Hinweise

Wegen des angenehmen zweiten Tages erscheint die Tour für Anfänger von 2-Tages-Wanderungen besonders geeignet.
In Blaubeuren sollten wir nicht nur den **Blautopf**, sondern auch die **Klosterkirche** aufsuchen. Der spätgotische **Hochaltar** (1493) gilt als Glanzstück der Ulmer Schule. Das meisterhafte Chorgestühl stammt von Jörg Syrlin d. J.

Tourenbeschreibung

	1. Tag	**2. Tag**
Weglänge:	22 km	15 km
Gehzeit:	5 1/2 Std.	knapp 4 Std.
Steigung:	250 m	170 m
Einkehrmöglichkeiten:	Lautern, Bühlenhausen	Wippingen

1. Tag

Herrlingen – Oberherrlingen – Lautern – Bühlenhausen – Blaubeuren

In Herrlingen parken wir am *Bahnhof*. Gegenüber geht es die *Erwin-Rommel-Steige* leicht aufwärts. *Aufpassen*: Nach etwa 250 m Weggabelung. Hier gehen wir die schmale Straße *Am Höhenblick* nach rechts und sofort vor der *Garage des Hauses Nr. 26* nach links die Stufen aufwärts. Unser Zeichen ist die rote Raute. Wir gelangen zunächst auf einen Fahrweg und nach dem Wasserbehälter nach rechts auf einen Waldweg nach *Oberherrlingen*. Am letzten Haus dieses Weilers geht es auf dem Fahrweg geradeaus. Gut markiert führt der Pfad durch lichten Hochwald in leichtem Auf und Ab über dem Tal, bevor wir nach *Lautern* abwärts wandern (1 1/2 Std.).

Der Weiler **Lautern** liegt in einem malerischen Engtal der Mittleren Alb, am Ursprung der Kleinen Lauter. Vier Mühlen nutzten hier einst die Wasserkraft. Das Gebäude am Quelltopf erinnert an die Anfänge der **Albwasserversorgung** durch Pumpstationen im Jahr 1874.

Weiter geht es auf der schmalen Fahrstraße in Richtung Bermaringen. Bereits nach wenigen Metern weist uns die gelbe Raute nach links auf einen Waldweg. Wir wandern durch das für ein Karstgebirge typische *Trockental der Kleinen Lauter.* Nach etwa 3 km gehen wir unter einer Brücke hindurch und gelangen an eine Weggabelung. Hier links halten und der neuen Markierung gelbes Dreieck in Richtung Blaubeuren folgen. Nach Erreichen der Hochfläche der Blaubeurer Alb liegt *Bühlenhausen* vor uns (2 Std. s. Lautern).
Unser Weg führt *durch den Ort*, den wir am Ghs. Krone auf dem *Hessenhofweg* verlassen. *Aufpassen:* Nach etwa 300 m weist uns das gelbe Dreieck nach links auf einen Feldweg. Danach geradeaus – vor den *Hessenhöfen* links haltend – am *Wald Attenlauh entlang*. Der Weg führt an einer umzäunten Baumschule mit dem *Teich Sauhüle (ND)* vorbei. Am Ende der Umzäunung bei den Häusern gehen wir rechts und nach

Am Blautopf: Der Turm der Klosterkirche als Spiegelbild

wenigen Metern bei der Scheune mit Stall links. Über eine offene Heidelandschaft mit altem Baumbestand führt der Weg zum Trauf und von dort nach links zum *Blaufelsen*. Wir genießen eine herrliche Aussicht auf Blaubeuren und die gegenüberliegenden Hänge mit der Ruine Rusenschloß, zu der wir morgen aufsteigen werden. Der letzte Wegabschnitt führt auf schmalem Zickzackpfad abwärts nach *Blaubeuren* (2 Std. s. Bühlenhausen). Im Städtchen bei den ersten Häusern gehen wir links zum

Blautopf. Der 21 m tiefe, trichterförmige Quelltopf ist eine der größten Karstquellen Deutschlands. Seine Schüttung reicht von 310 bis 32000 Litern Wasser pro Sekunde. Das Wasser schillert je nach Wetterlage und Lichtverhältnissen in blaugrünen Farbtönen. In der historischen **Hammerschmiede** am Blautopf wurden früher Werkzeuge des täglichen Bedarfs geschmiedet; ein kurzer Besuch gewährt Einblicke in die Arbeitswelt früherer Schmieden.

Wir gehen zum Marktplatz mit dem Rathaus (Fachwerk) und einem schönen Renaissance-Brunnen davor und gelangen nach wenigen Metern zum Hotel Adler, wo wir einkehren und übernachten werden.

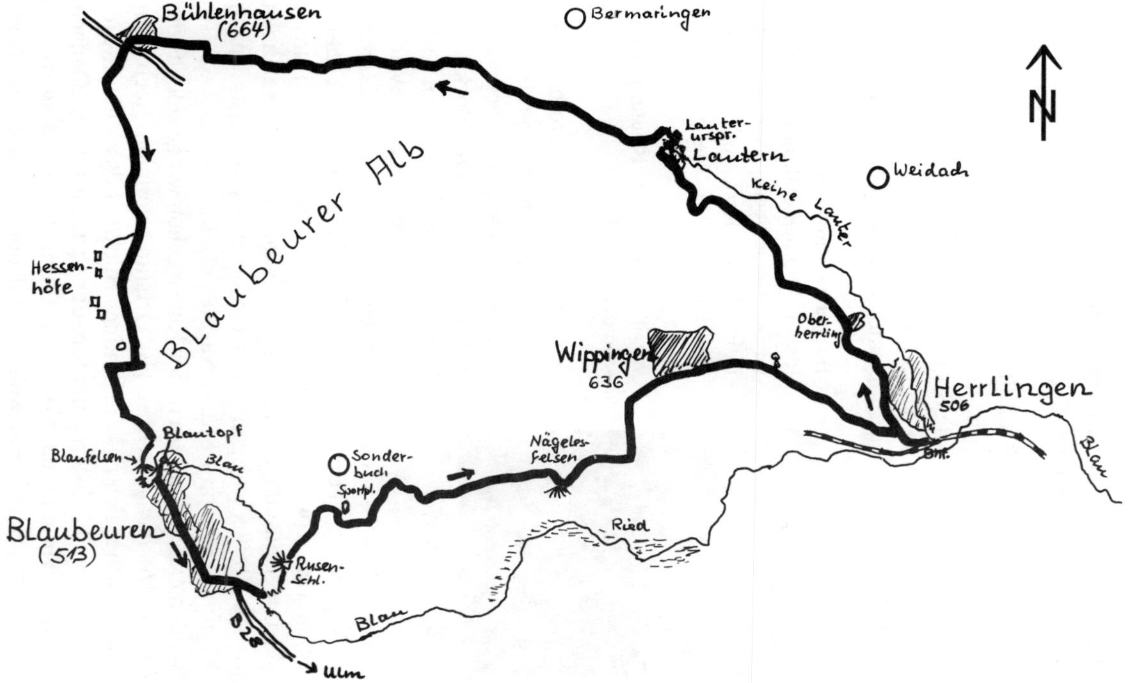
N
Bühlenhausen
(664)
Bermaringen
Lauter-
urspr.
Lautern
Weidach
Keine Lauter
Blaubeurer Alb
Hessen-
höfe
Ober-
herrling
Wippingen
636
Herrlingen
506
Bhf.
Blau
Blautopf
Blaufelsen
Blau
Sonder-
buch
Sportpl.
Nägeles-
felsen
Ried
Blaubeuren
(513)
Rusen-
schl.
Blau
B 28
Ulm

2. Tag
Blaubeuren – Ruine Rusenschloß – Nägelesfelsen – Wippingen – Herrlingen

Vom malerischen Altstadtkern aus geht es auf der *Karlstraße zum Bahnhof,* wo wir nach links (B 28) abbiegen. Nach etwa 250 m verlassen wir die Straße auf schmalem Weg geradeaus zur Blau. Auf einem Holzsteg unterhalb der Bahnbrücke überschreiten wir den Fluß und wandern im Hangwald aufwärts zur

Das Rusenschloß

Burgruine Rusenschloß aus der Stauferzeit, Abbruch Ende des 18. Jhs. Unter der Ruine liegt die **Große Grotte**. In ihr wurden Reste von Werkzeugen aus der Zeit der Neandertaler entdeckt.
Wir überblicken das **Blautal** mit dem schmucken Städtchen.

Ab hier folgen wir der roten Raute bis kurz vor den Waldrand. Unser Weiterweg führt nun nach rechts mit dem roten Dreiblock. Am Sportplatz von *Sonderbuch* vorbei geht es auf meist ebenen Waldwegen zum *Nägelesfelsen* (2 Std.). Unter uns die Riedwiesen der Blau. Straße und Bahnlinie folgen den Biegungen des Flusses. *Aufpassen*: Etwa 1 km nach dem Nägelesfelsen biegt unser Weg unvermittelt nach links ab. Nach knapp 10 Min. gelangen wir zur Straße und gehen auf dieser rechts abbiegend nach *Wippingen* (knapp 1 Std. s. Nägelesfelsen).
Bei den ersten Häusern in der Kurve gehen wir geradeaus die *Untere Möchtetaler Gasse* am Ortsrand entlang. Nach dem Dorf eröffnet sich uns ein schöner Blick auf das Ulmer Münster mit dem höchsten Kirchtum der Erde (161,60 m) Danach kommen wir am Gedenkstein zu Ehren *Erwin Rommels* vorbei, der in Herrlingen wohnte und dort begraben ist (sein Sohn Manfred war von 1974–1996 Oberbürgermeister von Stuttgart).
Nach dem kurzen Halt wandern wir hinab ins **Blautal** nach *Herrlingen* 3/4 Std. s. Wippingen).

6

Vom Voralbland übern Boßler und Reußenstein zum Randecker Maar und Breitenstein

Nach dem Anstieg zum Trauf wandern wir über aussichtsreiche Felsen zum einzigen Moor und danach zum größten Maar auf der Albhochfläche.

Ausgangsort

Weilheim an der Teck, an der Autobahn A 8 Stuttgart – Ulm, Anschlußstelle Aichelberg

Übernachtung

HARPPRECHTHAUS, Hütte des Deutschen Alpenvereins, 73252 Lenningen-Schopfloch, Tel. (07026) 2111, Ruhetag: Montag

Wanderkarten 1 : 50000

- L 7322 Göppingen
- L 7522 Bad Urach

Hinweise

Wegen des Ruhetages im Harpprechthaus sollte die Wanderung nicht am Montag beginnen.
Die Wege auf der Schopflocher Alb sind sonntags meist stark frequentiert. Wer es ermöglichen kann, wandere besser werktags. Gruppen, die mit mindestens zwei Autos anfahren, können eines in Hepsisau abstellen. Dadurch erspart man sich am zweiten Tag den letzten, streckenweise asphaltierten Wegabschnitt nach Weilheim. Die Weglänge verkürzt sich um etwa 5 km, die Gehzeit um gut 1 Std.

Tourenbeschreibung

	1. Tag	2. Tag
Weglänge:	22 km	19 km
Gehzeit:	knapp 6 Std.	5 1/2 Std.

Steigung:	etwa 600 m	120 m
Einkehrmöglichkeiten:	Deutsches Haus (Ruhetag: Mo), Ghs. Reußenstein (Ruhetag: Do / Fr)	Schopfloch, Otto-Hoffmeister-Haus (Ruhetag: Mo), Hepsisau

Die Limburg bei Weilheim

1. Tag
Weilheim – Ghs. Deutsches Haus – Boßler – Reußenstein – Bahnhöfle – DAV-Hütte Harpprechthaus

In *Weilheim* parken wir auf der *Bahnhofstraße*. Die *Brunnenstraße* führt uns in die *Stadtmitte* vor die *Peterskirche*. An der *Bushaltestelle* folgen wir dem blauen Dreieck zum Boßler (gleich „durch ein altes Haus“). Weiter geradeaus *bis zur Ulrichstraße*, wo wir links abbiegen und über die *Vogelsangstraße* das Städtchen über Obstwiesen verlassen. Nach dem Wasserbehälter geht es nach rechts über einen Spielplatz mit uralten Bäumen in den Wald. Beim Zurückschauen bietet sich uns noch ein schöner Blick auf Weilheim mit dem Kegelberg Limburg und auf den Albtrauf mit Breitenstein und Teck. Auf gut markiertem Weg wandern wir durch den Wald, vorbei am Forststützpunkt zum Waldrand nahe der Autobahn. Von hier aus überblicken wir das Filstal mit den drei Kaiserbergen

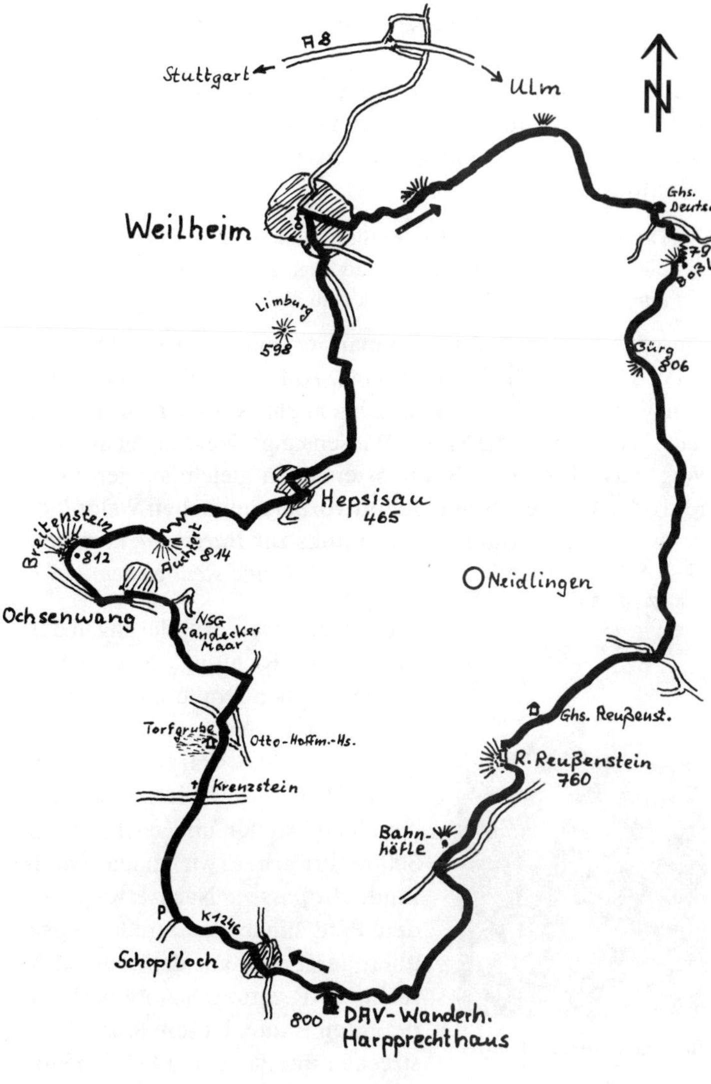
A8
Stuttgart
Ulm
N
Weilheim
Ghs. Deutsch. Hs
794
Boßler
Limburg
598
Bürg
806
Hepsisau
465
Breitenstein
812
Auchtert
814
Ochsenwang
Neidlingen
NSG
Randecker
Maar
Ghs. Reußenst.
Torfgrube
Otto-Hoffm.-Hs.
R. Reußenstein
760
Krenzstein
Bahn-
höfle
P
K1246
Schopfloch
800
DAV-Wanderh.
Harpprechthaus

Hohenstaufen, Rechberg und Stuifen. *Aufpassen*: Kurz danach geht es nach links auf schmalem Weg leicht aufwärts. Nach Verlassen des Waldes gelangen wir zum *Deutschen Haus* (1 1/4 Std.).

Gegenüber dem Haus wandern wir rechts aufwärts zum Wald. Unsere neue Markierung ist ab hier der rote Strich (HW 7). Auf einem Zickzackpfad steigen wir zum *Boßler* hinauf (1/2 Std. s. Deutsches Haus).

Der Gedenkstein auf dem **Boßler** erinnert an die Fliegeropfer an dieser Felswand. Wir schauen auf Weilheim und den Albtrauf entlang über Breitenstein und Teck zum Hohenneuffen.

Unser Weiterweg – nun auch markiert mit dem roten Dreieck (HW 1) – führt am Trauf entlang. Außerhalb des Waldes stoßen wir auf eine Weggabelung. Hier geht es auf dem Sträßchen nach rechts, über die Straße Wiesensteig – Neidlingen auf den Weg nach links zum Reußenstein. Am gleichnamigen Ghs. führt der Weg rechts am Gehöft vorbei zum nahen Waldrand, wo wir auf dem Traufweg nach links zur *Burgruine* kommen (2 1/4 Std. vom Boßler). *Näheres zur Ruine Reußenstein siehe Nr. 7, S. 54)*.

Burgruine Reußenstein

Wir setzen unsere Wanderung in der bisherigen Richtung fort. Etwa 100 m vor der Straße am Waldeck biegen wir nach rechts und kommen zum *Bahnhöfle* (Parkplatz, Grillstelle). Das rote Dreieck weist uns geradeaus weiter und nach knapp 300 m erreichen wir einen Waldrand. *Aufpassen:* Nach etwa 25 m den Pfad hinab zur Straße, diese überqueren und auf den Weg nach rechts in Richtung Schopfloch mit der roten Raute. Unsere letzte Wegstrecke führt zu dem auf 800 m Höhe gelegenem *Harpprechthaus,* wo wir übernachten werden (1 1/4 Std. s. R. Reußenstein).

2. Tag
Harpprechthaus – Schopfloch – Torfgrube – Randecker Maar – Ochsenwang – Breitenstein – Auchtert – Hepsisau – Weilheim

Vom Harpprechthaus gehen wir vor zur Straße und links nach *Schopfloch*. In der *Dorfmitte* weist uns die rote Raute in Richtung Krebsstein. Auf der *Raiffeisenstraße* verlassen wir den Ort und folgen der *Straße K 1246* nach links bis zum Parkplatz am Waldrand. Hier mit der roten Raute nach rechts, bei der Weggabelung außerhalb des Waldes nochmals rechts und über die nächste Wegkreuzung **Kreuzstein** (näheres s. Wanderung Nr. 7, S. 52) geradeaus *bis kurz vor das Otto-Hoffmeister-Haus*. Hier gehen wir markierungsgemäß nach links auf einem Wiesen- danach Knüppelweg zur *Torfgrube* (1 1/2 Std.).

Die **Torfgrube**, auch **Schopflocher Hochmoor** genannt, ist das einzige Hochmoor auf der weitgehend wasserarmen Hochfläche der Alb. Auf wasserundurchlässigem Basalttuff sammelt sich in der Geländemulde das Oberflächenwasser. Der einst betriebene Torfabbau reicht bis ins 17. Jh. zurück.

Nach dem lohnenden Abstecher (Zeitbedarf: 20–30 Min.) wandern wir in der bisherigen Richtung weiter. Unser Weg mündet in eine Fahrstraße. Hier links abbiegen und nach etwa 100 m nach rechts, an einem Parkplatz entlang vor zur Straße L 1212 von Schopfloch nach Hepsisau. Auf dieser etwa 150 m nach links bis zur Kreuzung, wo wir abermals nach links dem roten Dreieck folgen. Nach etwa 200 m – nach einigen Häusern – stehen wir am

Randecker Maar, dem größten und am besten erhaltenem Maar der Alb. Der trichterförmige Kessel hat eine Tiefe von etwa 60 m und einen Durchmesser von 1,2 km. An der Nordseite (uns gegenüber) ist der Kessel vom Zipfelbach „angenagt", weshalb er dort geöffnet ist und einen besonders schönen Blick nach Weilheim und zur Limburg freigibt.

Wir wandern am Rand entlang, am *Salzmannstein* (zur Erinnerung an den Gründer des Schwäbischen Albvereins) vorbei mit weiteren prächtigen Ausblicken. *Aufpassen*: Etwa 100 m vor der Straße nach rechts abbiegen. Auf der nächsten Straße,

zu der wir kommen, gehen wir nach links nach *Ochsenwang* (1 Std. s. Torfgrube).
Im Ort nach links auf die *Eduard-Mörike-Straße* (E. Mörike war 1832/33 hier als Pfarrverweser tätig). Beim *Ghs. Rössle* gehen wir rechts und etwa 250 m am Trauf nochmals rechts und erreichen gemächlich aufwärts gehend den *Breitenstein* (1/2 Std. s. Ochsenwang).

Der **Breitenstein** zählt zu den schönsten Aussichtsfelsen, den die Alb zu bieten hat. Wir genießen schöne Ausblicke hinaus ins Neckarland und bei guter Sicht geht der Blick weit hinüber bis in den Schwarzwald und den Odenwald. Vor uns liegt links die Teck, rechts Weilheim mit der Limburg, dahinter der Boßler.

Weiter führt unser Weg am Trauf entlang leicht fallend, danach aufwärts zur höchsten Erhebung unserer 2-Tages-Wanderung, dem 814 m hohen *Auchtert* (1/2 Std. vom Breitenstein).

Ganz anders ist vom **Auchtert** der Blick. Wir schauen nicht hinunter ins Tal, sondern in entgegengesetzter Richtung auf die Albhochfläche. Die Sicht reicht vom Zwiebelturm der Kirche in Westerheim bis zur Uracher Alb.

Wir gehen etwa 50 m zurück, biegen rechts ab in den Bannwald und folgen dem blauen Dreieck hinunter. Beim Waldaustritt kommen wir zu einem Grillplatz mit Schutzhütte. Hier kurz nach rechts und gleich danach halblinks auf einen Wiesenweg. An erneutem Waldrand mit der Wegziffer 66 nach links, von Obstwiesen umgeben, nach *Hepsisau* hinab (1 Std. s. Auchtert).
In der *Ortsmitte* gehen wir *links an der Kirche vorbei*, biegen danach in die *Untere Ortstraße* nach links zur *Gemeindehalle*. Dort nach rechts in die *Bachstraße*. Ab hier folgen wir der guten Markierung mit dem blauen Dreieck nach *Weilheim*. Beim Zurückschauen haben wir einen letzten schönen Blick auf die hoch über dem Neidlinger Tal thronende Burgruine Reußenstein. Im Städtchen orientieren wir uns am weithin sichtbaren Kirchturm (Stadtmitte) und gehen von dort zu unserem Auto (1 1/4 Std. s. Hepsisau).

7

Vom Lenninger Tal über Wielandstein und Reußenstein zum Filsursprung

Nach der eindrucksvollen und aussichtsreichen Felsen- und Burgentour des ersten Tages folgt eine beschauliche Wanderung vom Filsursprung zur Schopflocher Alb und nochmals imposant die wildromantische Felsenschlucht der Pflub abwärts.

Ausgangsort

Oberlenningen, Ortsteil der Gemeinde Lenningen, an der B 465 und der Autobahn A 8 Stuttgart – Ulm, Anschlußstelle Kirchheim (Teck)-Ost

Übernachtung

Gasthof ZUM FILSURSPRUNG, 73349 Wiesensteig, Tel. (07335) 5334

Wanderkarte 1 : 50000

L 7522 Bad Urach

Hinweise

Wegen der zahlreichen Aussichtsfelsen und zweier Burgruinen sollten wir – insbesondere für den ersten Tag – genügend Zeit einplanen.
Gutes Schuhwerk ist erforderlich.
Die Wege auf der Schopflocher Alb sind sonntags meist stark frequentiert. Wer es ermöglichen kann, wandere besser werktags.

Tourenbeschreibung

	1. Tag	**2. Tag**
Weglänge:	21 km	19 km
Gehzeit:	knapp 6 Std.	4 1/2 Std.
Steigung:	gut 450 m	230 m

Einkehr-möglichkeiten:	Ghs. Reußenstein (Ruhetag: Do / Fr), Ghs. Bläsiberg (Mo u. Di Ruhetag)	DAV-Wanderheim / Ghs. Harpprechtshaus (Mo Ruhetag), Schopfloch, Gutenberg

1. Tag
Oberlenningen – Ruine Wielandstein – Kreuzstein – Heimenstein – Ruine Reußenstein – Bläsiberg – Wiesensteig

Unser Auto parken wir bei der *Gemeindehalle* in *Oberlenningen*. Hier beginnt die Wanderung, den *Wielandsteinweg* mit der roten Raute Zum Ort hinaus. Am nahen Waldrand links den Wielandstein-Wanderweg hinauf, über die erste markante Wegkreuzung zum Trauf. Oben weist uns das Zeichen nach links auf einem Stichweg zur *Burgruine Wielandstein* (3/4 Std.)

Ruine Wielandstein

Burg Wielandstein, 13. Jh. ehem. dreiteilige Burganlage auf einem Felsgrat über dem Lenninger und dem Tobeltal, im Bauernkrieg Anfang des 16. Jh. zerstört und danach von Talbewohnern als Baumaterial abgetragen.

Wir gehen zurück, genießen schöne Ausblicke nach links zu den Tobelfelsen und hinunter ins Tobeltal. Kurz vor Waldaustritt zweigt vor einer Grillstelle ein Stichweg nach rechts zum nahen Aussichtspunkt (ND)

Hohgreutfels ab. Eine prächtige Sicht ins obere **Lenninger Tal** belohnt uns für den kurzen Abstecher.

Auf unserem Wanderweg zurückgekehrt folgen wir der roten Raute über Wiesengelände in *Richtung Otto-Hoffmeister-Haus*. Über die nächste Weggabelung geradeaus mit der Weg-

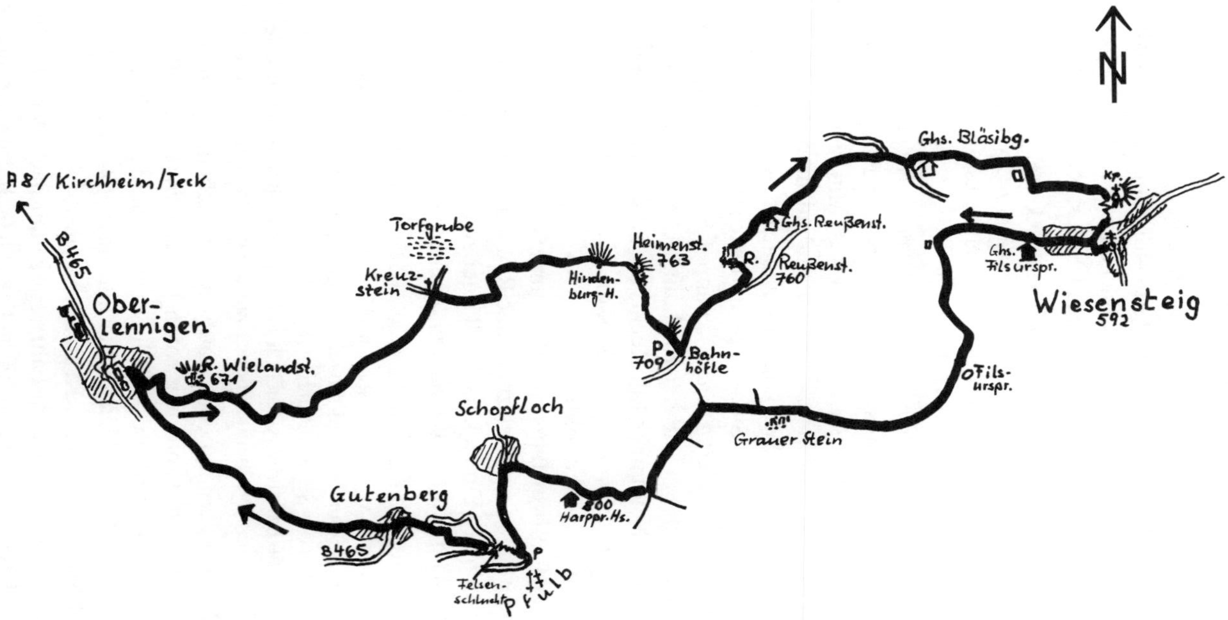
N
A8 / Kirchheim/Teck
B465
Ober-
lennigen
R. Wielandst.
671
Kreuz-
stein
Torfgrube
Hinden-
burg-H.
Heimenst.
763
R.
Ghs. Reußenst.
Reußenst.
760
P.
709
Bahn-
höfle
Ghs. Bläsibg.
Kp.
Ghs.
Filsurspr.
Wiesensteig
592
Fils-
urspr.
Grauer Stein
Schopfloch
800
Harppr. Hs.
Gutenberg
B465
P
Felsen-
schlucht
Pfulb

weisung Schopfloch und bei erneuter Wegteilung am Waldrand links in *Richtung Torfgrube* durch den Hochwald. Nach Waldaustritt über die Hochfläche zur nächsten Wegkreuzung *Kreuzstein* vor der Torfgrube (1 Std. s. R. Wielandstein).

Das wuchtige, etwa 80 cm hohe **Steinkreuz**, wurde vermutlich im Mittelalter aufgrund eines Richterspruchs als Sühne für einen Totschlag vom Täter aufgestellt. Der aufmerksame Wanderer trifft auf manches Steinkreuz auf der Alb.

Weiter geht es nach rechts in *Richtung Heimenstein*. Auf der Straße 200 m links, danach rechts den Parkplatz entlang in den Wald. *Aufpassen:* Nach etwa 10 Min. gehen wir vom bisherigen Weg nach links auf einem Pfad mit dem roten Dreieck vor zum Trauf. Wir kommen zunächst zur *Hindenburg-Hütte* mit überdachter Sitzgruppe und nach etwa 10 Min. zum *Aussichtsfelsen Heimenstein* (knapp 1 Std. s. Kreuzstein). Uns bietet sich ein schöner Blick hinüber zur Ruine Reußenstein und ins Neidlinger Tal. Rechts am Felsen hinab kann man zur *Heimensteinhöhle* gelangen, die wir aber nicht ohne Taschenlampe begehen sollten.
Der Traufweg führt zum Park- und Grillplatz *Bahnhöfle* mit erneut schönem Blick zur Ruine Reußenstein. Weiter geht es mit dem roten Dreieck nach links neben der Straße und gleich danach im Wald zur *Ruine Reußenstein* (3/4 Std. s. Heimenstein).

Burg Reußenstein, vermutlich 13. Jh., Besitzer waren u.a. die Grafen von Helfenstein und die Württemberger. Die auf steilem Fels über dem Neidlinger Tal thronende Ruine zählt zu den schönsten der Schwäbischen Alb.
Eine herrliche Aussicht hinüber zum Heimenstein, ins Neidlinger Tal und Weilheim mit der Limburg belohnen unser Stufensteigen.

Wir wandern auf dem Traufweg zum nahen *Ghs. Reußenstein* und von dort mit dem roten Dreieck vor zur Straße Wiesensteig – Neidlingen. Auf dieser mit dem neuen Zeichen roter Strich (HW 7) nach rechts und nach 200 m links zum *Ghs. Bläsiberg* (3/4 Std. s. R. Reußenstein).
Wir bleiben auf dem Fahrweg, gehen nach dem Jugenddorf nach rechts und nach 400 m links an Gehöften vorbei über die

Lenninger Tal

Hochfläche des Bläsibergs vor zum *Trauf mit kleiner Kapelle*. Unter uns liegt das malerische Städtchen Wiesensteig. Am Hang gegenüber schlängelt sich die Autobahn A 8 in Richtung München zum Lämmerbuckel hinauf. Wir gehen an den Bildstöcken entlang waldabwärts nach *Wiesensteig* (3/4 Std. s. Ghs. Bläsiberg).
Im Städtchen sollten wir dem *Marktplatz* mit dem Elefantenbrunnen (Wappentier der Helfensteiner) umrahmt von renovierten Fachwerkhäusern, einen Besuch abstatten, ein reizvolles mittelalterliches Stadtbild.
Der letzte Wegabschnitt führt zurück am Feuerwehrmagazin vorbei links in die *Seestraße* und bei der nächsten Straßengabelung nach rechts in die *Helfensteinstraße*. Nach wenigen Metern haben wir den Gasthof Zum Filsursprung erreicht, wo wir übernachten werden (1/4 Std. s. Marktplatz).

2. Tag
Wiesensteig – Filsursprung – Hasental – Grauer Stein – Harpprechthaus – Schopfloch – Pfulb – Gutenberg – Oberlenningen

Das Sträßchen, auf dem wir gestern ankamen, führt mit dem roten Strich entlang des Flusses in dessen reizvolles oberstes

Tal zu seinem von Wurzeln und Steinen eingefaßtem Quellbecken, dem *Filsursprung* (3/4 Std.).
Wir wandern weiter im *Hasental*, einem der vielen Trockentäler auf der Alb, gemächlich aufwärts. Bei Waldeintritt gehen wir an der Weggabelung nach rechts mit der roten Raute am Dolomitfelsen *Grauen Stein* vorbei und geradeaus noch etwa 700 m auf der Hochfläche zu einer Weggabelung mit Baumgruppe und Sitzbank. Hier weist unser Zeichen nach links in Richtung Schopfloch. Wir wandern am Waldrand geradeaus zur nächsten Wegkreuzung und dort nach rechts waldaufwärts zum *DAV-Wanderheim / Ghs. Harpprechthaus* (1 1/v Std. s. Filsursprung). Unser Weiterweg führt nach *Schopfloch zur Ortsmitte*. Hier weist uns die rote Raute in Richtung *Gutenberg über Pfulb* nach links. Auf der *Pfulbstraße* zum Dorf hinaus. *Unmittelbar vor der langgezogenen Rechtskurve* in der Senke beim *Skigebiet Pfulb* biegen wir auf einen Wiesenweg nach rechts zum nahen Waldrand (nicht markiert). Am Waldrand 20 m nach rechts. *Aufpassen:* Hier beginnt auf schmalem Pfad links abwärts der Steilabstieg durch die wildromantische Felsenschlucht der Pfulb nach *Gutenberg* (1 1/4 Std. s. Harpprechthaus).
Im Dorf gehen wir zur *Hauptstraße* und auf dieser bis zur *markanten Linkskurve mit Bushaltestelle*. Wir schauen zurück: Die Lauter hat hier einen tiefen Einschnitt in den Albkörper gebildet; ein landschaftlich schöner Talabschluß. Prachtvoll ist der Blick zu den Felsen der Pfulb. Vor der Bushaltestelle gehen wir nach rechts in die *Grünenbergstraße* (nicht markiert) und an der nächsten Straßengabelung rechts auf der *Höllsternstraße* zum Ort hinaus. Unser Weg führt an eingezäunten Weiden entlang, später durch ein kleines Waldstück und danach in den Radweg nach Oberlenningen. Bei Erreichen des kleinen Kanals der Papierfabrik können wir den Radweg verlassen und auf dem Kanaldamm nach *Oberlenningen* wandern (1 1/4 Std. s. Gutenberg).
Eine abwechslungs- und aussichtsreiche Burgen- und Felsenwanderung liegt hinter uns.

Vorschlag für eine 4-Tages-Wanderung

Wandern rund um Bad Urach

Durch wildromantische Täler an Höhlen vorbei. Die Weite der Hochfläche erspüren und über aussichtsreiche Felsen zu Tal. Die beiden folgenden 2-Tages-Wanderungen im „Herzen der Alb“ lassen sich bei genügender Kondition und Wanderfreude zu einer 4-Tages-Wanderung zusammenfassen.

So sollte gewandert werden:

1. Tag = 1. Tag der Wanderung Nr. 8
2. Tag = 2. Tag der Wanderung Nr. 8
   Übernachtung am 2. Tag in Bad Urach. Das Gastgeberverzeichnis kann von der Städt. Kurverwaltung, 72563 Bad Urach, Tel. (07125) 9432-0, bezogen werden.
3. Tag = 1. Tag der Wanderung Nr. 9
4. Tag = 2. Tag der Wanderung Nr. 9

Zurück zu den einzelnen 2-Tages-Wanderungen

8

Von der Falkensteiner Höhle zum Heidengraben und Schreckenfels. Hinunter ins Donntal und durch einen Bannwald zum Römerstein bergauf

Ausgangsort

Bad Urach, an der B 28 und der B 465

Übernachtung

Gasthof HIRSCH, 72587 Römerstein-Böhringen,
Tel. (07382) 93970

Wanderkarte 1 : 50000

L 7522 Bad Urach

Hinweise

Mit zwei Anstiegen zur Albhochfläche und einem Abstieg erfordert die Wanderung am ersten Tag Kondition. Wir sollten uns dafür genügend Zeit vornehmen.
Gutes Schuhwerk und Trittsicherheit sind erforderlich.

Tourenbeschreibung

	1. Tag	**2. Tag**
Weglänge:	23,5 km	17 km
Gehzeit:	knapp 7 Std.	gut 4 1/2 Std.
Steigung:	700 m	80 m
Einkehrmöglichkeiten:	Schlattstall Ghs. Hirsch, Öff.-Zeiten erfragen Tel. (07026) 7216	Wittlingen

1. Tag
Bad Urach – Pfälhof – Falkensteiner Höhle – Heidengraben – Schreckenfels – Schlattstall – Donntal – Römerstein – Böhringen

Wir parken in *Bad Urach* auf dem *P 15 Festhalle,* Einmündung Neuffener / Ulmer Straße (B 28). Die *Neuffener Straße* gehen wir etwa 250 m bis zur nächsten Straßengabelung. Dort rechts mit dem roten Dreiblock die Wohnstraße *Mahlensteig* ortsauswärts. Nach den letzten Häusern geradeaus am Waldrand entlang. *Aufpassen:* Nach der ersten Haarnadelkurve an der Wegteilung links aufwärts und nach etwa 500 m bei der Weggabelung rechts hinab in die Bachebene zum *Pfälhof* (3/4 Std.). Dort über ein Brückchen und über die Straße am Waldrand entlang ins *Pfäler Tal*. Nach etwa 1/4 Std. kommen wir zur Straße, gehen diese etwa 70 m nach rechts und auf der Gegenseite entlang des Baches nach links weiter. Im enger werdenden Tal geht es auf steilem Pfad aufwärts. Ein kurzer Stichweg führt zur *Falkensteiner Höhle* (keine Schauhöhle, 3/4 Std. s. Pfälhof). Danach das letzte Wegstück steil hinauf zum *Heidengraben* (3/4 Std. s. Falkensteiner Höhle).

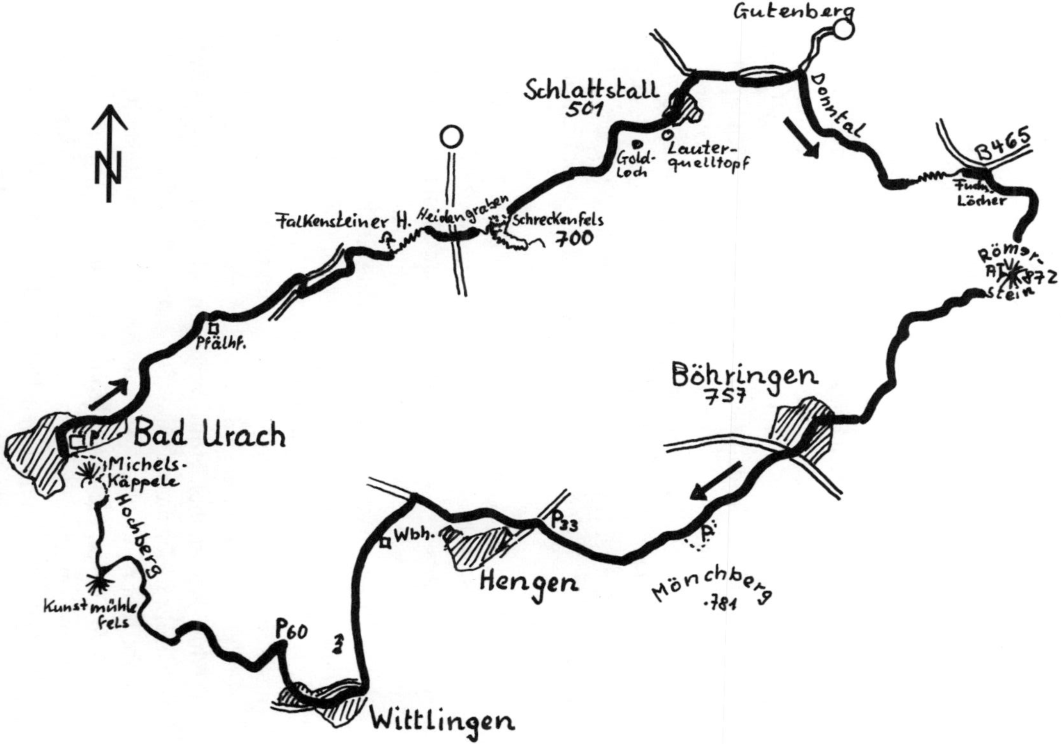

N
Gutenberg
Schlattstall
501
Donntal
B465
Lauter-
quelltopf
Gold-
Loch
Falkensteiner H.
Heidengraben
Schreckenfels
700
Fuchs-
Löcher
Römer-
stein
872
Pfälhf.
Böhringen
757
Bad Urach
Michels-
Käppele
Hochberg
Kunstmühle
Fels
P33
Wbh.
Hengen
Mönchberg
781
P60
Wittlingen

Der **Heidengraben** ist eine keltische Befestigungsanlage, vermutl. aus dem 2. Jh. v. Chr. Weitere interessante Ausführungen s. dortige Info-Tafeln.

Wir überqueren die Straße und wandern im nahen Wald rechts abwärts. *Aufpassen*: Nach knapp 100 m gehen wir an der Weggabelung einen schmalen Pfad zwischen den beiden breiten Wegen wenige Meter zum Steilabfall. Dort dem roten Dreiblock zur Großen Schrecke folgen. Der Pfad führt zum *Schreckenfels* mit gutem Blick in die Felsschluchten und ins Tal nach Schlattstall. Weiter geht es auf schmalem und steinigem Pfad an mächtigen Felswänden vorbei abwärts. Vom Tal aus erblicken wir links oben das riesige Schotterwerk von Grabenstetten. Bei der nächsten markanten Weggabelung gehen wir links in das von bewaldeten Steilhängen umgebende Dörfchen *Schlattstall* (1 1/4 Std. s. Heidengraben). Zu Beginn des Ortes führt ein kurzer Stichweg zum Quelltopf der *Schwarzen Lauter* (auch *Lenninger Lauter*); unweit das sagenumwobene *Goldloch*.

Geradeaus geht es durch das Dorf vor zur B 465 und auf dieser nach rechts und nach etwa 400 m den nicht markierten Wiesenweg rechts am Waldrand entlang. Vor uns liegt Gutenberg mit dem landschaftlich reizvollen Talschluß des Lenninger Tales; darüber auf der Hochfläche Schopfloch. Nur kurz der Straße entlang und gleich nach rechts auf den Weg ins *Donntal*. An der ersten Weggabelung weist uns der rote Dreiblock nach links. Zum letzten Mal geht es heute bergauf! Wir durchwandern einen *Bannwald*, den „Urwald von morgen" (Info-Tafeln). Auf halber Höhe verlassen wir markierungsgemäß den breiten Weg nach links auf schmalem Pfad. Nochmals geht es steil bergauf. Bei Waldaustritt nahe der Bushaltestelle *Fuchslöcher* ist die weite Höhe erreicht (1 1/2 Std. s. Schlattstall). Wir gehen auf der Straße nach rechts und biegen nach etwa 400 m mit dem roten Dreiblock in den Wald. Auf gut markiertem Weg wandern wir – den letzten steilen Anstieg mit der Wegziffer W 3 – auf den 872 m hohen *Römerstein* (3/4 Std. s. BusH Fuchslöcher).

Der **Aussichtsturm** des Schwäbischen Albvereins bietet eine prächtige Rundsicht auf die Mittlere und Uracher Alb. Geöffnet: Nur im Sommer an den Wochenenden. Schutzhütte, Grillplatz, Sitzgruppen und Wanderwegtafel laden zur Rast ein.

Aussichtsturm Römerstein

Die letzte Wegstrecke aus luftiger Höhe führt mit dem gelben Dreieck abwärts nach *Böhringen*, wo wir nach einer langen und strammen Tagestour im Gasthof Hirsch einkehren und übernachten (1 Std. s. Römerstein).

Blick vom Aussichtsturm auf die Uracher Alb

2. Tag

Böhringen – Mönchberg – nördlich Hengen – Wittlingen – Kunstmühlefels – Michelskäppele – Bad Urach

Wir verlassen das schmucke Albdorf auf der *Aglishardter Straße zur B 28*. Vorsicht: Benutzen Sie auf der rechten Seite die Unterführung. Danach geradeaus, an der *Hirschbrauerei* vorbei und am *Albstadion* hinaus.

Von der leichten Anhöhe des **Mönchberges** genießen wir die Aussicht: Rechts Grabenstetten, halblinks dahinter der Hohenneuffen, in der Mitte die Teck und hinter uns der Römerstein mit seinem Aussichtsturm.

Ohne fehlgehen zu können wandern wir auf der Hochfläche zum *Parkplatz P 33 Zimmerbuch* vor der Ortschaft *Hengen*. Hier nach links dem gelben Dreieck folgen und vor den ersten Häusern markierungsgemäß nach rechts. Nach etwa 10 Min. erreichen wir die *Straße K 6707*, gehen nach rechts und nach etwa 400 m nach links auf den Feldweg – nicht markiert – zum *Wasserbehälter.* Nochmals bietet sich uns eine prächtige Rundsicht. Der Weiterweg führt geradeaus in das in einer schützenden Mulde liegende *Wittlingen* (1 1/4 Std. s. P 33 Zimmerbuch).

In der *Ortsmitte* bei der *Haarnadelkurve* weist uns das gelbe Dreieck geradeaus den *Triebweg* leicht aufwärts. Nach dem Ort am *P 60 Haigenstein* vorbei auf schattigem Traufweg zum *Kunstmühlefels* mit herrlichem Blick ins Ermstal (1 1/4 Std. s. Wittlingen). Entlang einer Felsenkette bieten sich immer wieder schöne Ausblicke ins Tal. Wir gelangen zum *Hochbergfelsen*, den letzten dieses fast senkrecht fallenden Felsbandes. Anschließend führt der Weg kurz in den Wald und biegt nach etwa 100 m nach links talwärts. Wo der Weg erneut nach links verläuft, gehen wir geradeaus auf breitem Rücken steil abwärts zum *AP Michelskäpple* (kleine Schutzhütte) mit letztem prächtigem Blick auf Bad Urach und seiner Umgebung. Danach auf schmalem Pfad mit der Wegziffer 13 *abwärts in die Stadt*, wo wir unsere erlebnisreiche und stramme Wanderung beenden (knapp 1 Std. s. Kunstmühlefels).

Wer auf der 4-Tages-Wanderung unterwegs ist, steigt morgen am Wasserfall hinauf zum Rutschenfelsen. Danach folgt eine schöne Traufwanderung mit prächtigen Ausblicken.

9

Vom Uracher Wasserfall zum Rutschenfelsen und über die Eninger Weide zum Mädlesfels

Wir wandern „Im Herzen der Alb“. Unser Weg führt über aussichtsreiche schroffe Felsen am steilen Albtrauf entlang, durch stille Wälder und über die einsame weite Hochfläche.

Ausgangsort

Bad Urach, an der B 28 und B 465

Übernachtung

Gaststätte STAHLECKER HOF, 72805 Lichtenstein,
Tel. (07122) 9427, etwa 3 km nordostwärts von Holzelfingen,
Ruhetag: Dienstag

Wanderkarten 1 : 50000

- L 7520 Reutlingen
- L 7522 Bad Urach

Hinweise

Für diese Felsen- und Aussichtswanderung sollten wir uns – auch wegen der Weglänge und Steigungen – für den 1. Tag genügend Zeit vornehmen.
Gutes Schuhwerk ist erforderlich.
Wer es ermöglichen kann, sollte die in den Wandermonaten an Wochenenden stark begangene Strecke besser werktags wandern.

Tourenbeschreibung

	1. Tag	**2. Tag**
Weglänge:	22 km	16 km
Gehzeit:	knapp 7 Std.	4 1/2 Std.
Steigung:	etwa 500 m	100 m

Einkehr-möglichkeiten:	Wasserfallhütte geöffn. vom 1.4.–1.11. St. Johann, Übersberg	Rohrauer Hütte geöffn. Sa/So

1. Tag

Bad Urach – Wasserfall – Rutschenfelsen – Fohlenhof – St. Johann – Eninger Weide – Übersberg – Mädlesfels – Ghs. Stahlecker Hof

Wir parken in *Bad Urach* beim Busbahnhof, *Parkplatz 9 oder 10*. Auf der Straße *Beim Tiergarten* folgen wir dem roten Dreieck (HW 1), vorbei an der Altstadtkulisse mit Schloß und Amanduskirche. An der *nächsten Ampel* über die Straße und nach wenigen Metern nach links leicht aufwärts. Bereits nach etwa 300 m verlassen wir die Straße nach rechts auf einem Fußweg abwärts. Beim Waldaustritt mit unvermittelt prächtigem Blick auf die Ruine Hohenurach, geht es an der Jugendherberge vorbei zum gegenüberliegenden Wald und dort mit dem roten Dreieck aufwärts. Nach etwa 10 Min. wird die *Ebene Kreuz (Weggabelung, Schutzhütte)* erreicht. *Aufpassen:* Wer den gesamten Wasserfall sehen will, geht rechts mit der blauen Raute abwärts und am Bach/Fall entlang hinauf. Ansonsten geradeaus dem roten Dreieck zur *Hochwiese* folgend (1 1/4 Std.). Das Wasser stürzt von hier fast 40 m in die Tiefe und fällt etwa weitere 55 m über Tuffstufen ins Tal.
Weiter geht es auf dem *HW 1* hinauf zur *Hochfläche*.

> Die hier besonders schön ausgeprägte Albtraufkante auf dem etwa 90 m hohem **Rutschenfelsen** (Vorsicht Steilabfall!) bietet eine umfassende Aussicht auf Bad Urach, den beiden vor uns liegenden Kegelbergen Runder Berg und Schloßberg mit der Burgruine Hohenurach sowie auf das untere Ermstal mit Dettingen.

Auf dem weiteren Weg kurz danach erblicken wir den Hohenneuffen, die Teck und den Römerstein. Am *Camerer-Gedenkstein* (ehem. Vorsitzender des Schwäbischen Albvereins) vorbei erreichen wir den *Fohlenhof* (1 1/4 Std. s. dem Wasserfall).

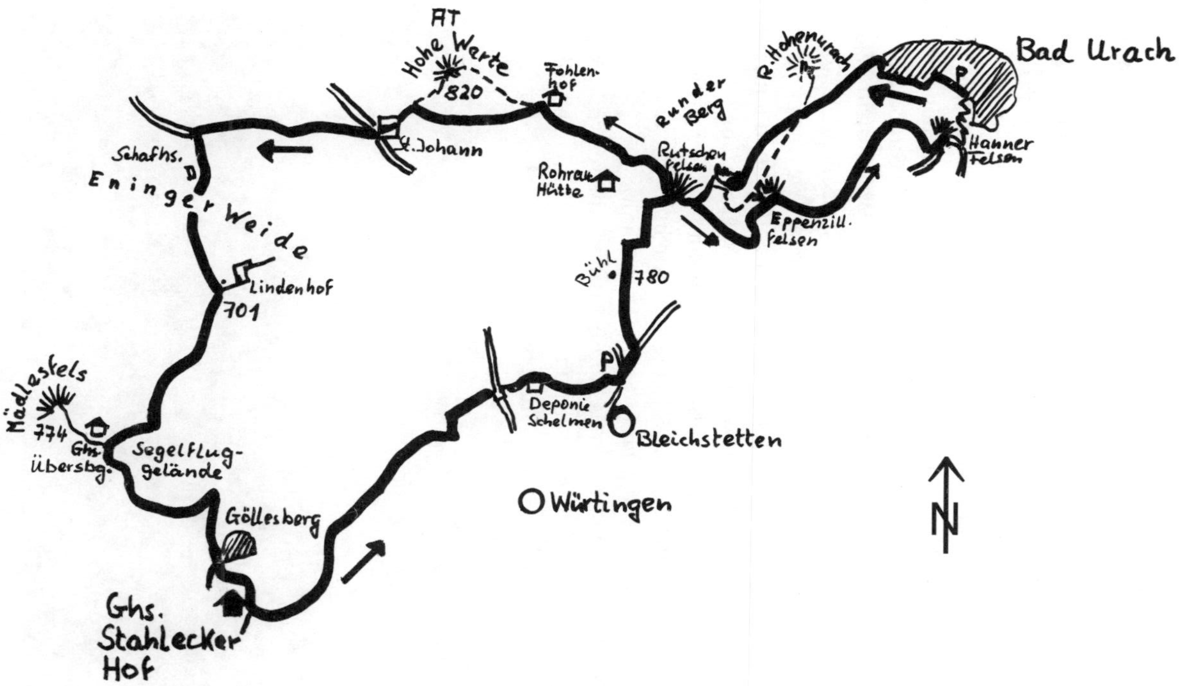
Bad Urach
P
Hanner Felsen
R. Hohenurach
runder Berg
Rutschen Felsen
Eppenzill. felsen
AT
Hohe Werte
820
Fohlenhof
St. Johann
Rohrau Hütte
Bühl
780
P
Deponie Schelmen
Bleichstetten
Würtingen
N
Schafhs.
Eninger Weide
Lindenhof
701
Mädlesfels
774
Ghs. Übersbg.
Segelfluggelände
Göllesberg
Ghs. Stahlecker Hof

Hier *entscheiden* wir uns, ob wir in einer 1/2 Std. halbrechts aufwärts im Wald *über die Hohe Warte* mit Aussichtsturm (nur sommers an So/Feiert. geöffnet, sonst Schlüssel im Ghs. St. Johann) oder in etwa 20 Min. nach links *neben der Allee direkt nach St. Johann* wandern (etwa 1/2 Std. s. Fohlenhof).
Unser Weg führt *durch den Gestütshof* (gehört mit dem Fohlenhof zum Haupt- und Landgestüt Marbach), an den letzten Häusern mit dem roten Dreieck links über die Straße und im Wald geradeaus weiter. Etwa 400 m nach Waldaustritt gelangen wir auf einer alten Allee an eine Straßengabelung mit Parkplatz. Wir gehen geradeaus auf einem Wiesenweg neben der Alleenstraße, später am Waldrand entlang und am *Forsthof Eningen u. A. vorbei* zur nächsten Wegkreuzung (Info-Tafel über die dortige Wildsträuchersammlung und Feldflorareservat Eninger Weide). Hier gehen wir links mit dem roten Dreieck zum *Schafhaus* (1 Std. s. St. Johann).
Nach dem Gehöft geht es halbrechts über die reizvolle *Eninger Weide* und leicht abwärts in die Senke (701 m) nahe Albgut Lindenhof. Unser Weg führt geradeaus aufwärts durch den

Vom Mädlesfels: Die Achalm mit Eningen, dahinter Reutlingen

Wald zum *Übersberg* (knapp 1 1/2 Std. s. Schafhaus). Hier nach rechts am Gasthaus vorbei, etwa 500 m geradeaus vor zum

AP Mädlesfels. Wir blicken hinüber zur Achalm, darunter Eningen u. A. sowie die Städte Pfullingen und Reutlingen.

Unser Weg führt zum Gasthaus zurück, leicht aufwärts und hinter den nahen Hallen des Segelfluggeländes auf die Hochfläche. Etwa 100 m vor dem Waldrand biegen wir nach rechts ab und wandern mit dem roten Dreieck durch den Wald. Nach etwa 1/2 Std. gelangen wir am Rande der Siedlung *Göllesberg* auf eine Fahrstraße. Ab hier folgen wir *nicht mehr dem roten Dreieck*, das zur Ruine Stahleck weist, sondern wandern *ohne Markierung* auf der Fahrstraße in gut 10 Min. zu unserem Tagesziel, dem *Stahlecker Hof* (1 1/2 Std. s. Mädlesfels). Wir kehren ein und beschließen den abwechslungsreichen ersten Wandertag.

2. Tag
Stahlecker Hof – über die Hochfläche zum Rutschenfelsen – Eppenzillfelsen – Hanner Felsen – Vorderer Hanner Felsen – Bad Urach

Wir gehen vom Gasthaus *über die Straße* in den nahen Wald. Dem roten Dreiblock in Richtung Urach folgend wandern wir alsbald über die stille weite Hochfläche der Uracher Alb. Über die nächste Kreuzung mit einzelstehendem Baum hinweg und links am Waldstück Hirnberg entlang zur nächsten Weggabelung (rechts liegt Würtingen). Hier links auf einen Wiesenweg und kurz danach auf einem Fahrweg nach rechts in Richtung Urach. Nach Überquerung der Straße der Markierung folgend zur *Deponie Schelmen* und dort nach links halb um diese herum.

Nach der Deponie wandern wir am linken Waldrand entlang und kommen nach etwa 1 km zu einem *Parkplatz vor Bleichstetten* (1 1/2 Std.). Hier auf der Straße nach links und nach 100 m auf einem Feldweg über die *Höhe Bühl* (780 m) geradeaus abwärts zum Waldrand. Dort rechts und nach etwa 150 m links in den Wald. Nach dessen Durchquerung kommen wir auf die freie Hochfläche, links die *Rohrauer Hütte* und vor zum *Rutschenfelsen*, den wir von gestern her schon kennen (1 1/4 Std. s. Parkplatz vor Bleichstetten).

Hier geht es nach rechts und an der nächsten Weggabelung nochmals rechts. Mit dem roten Dreiblock bleiben wir oben auf dem Trauf und kommen nach Durchquerung einer Senke zum *Eppenzillfelsen* (knapp 3/4 Std. s. Rutschenfelsen). Der Ausblick zum gegenüberliegenden Rutschenfelsen und zur Ruine Hohenurach ist malerisch.

Bei den folgenden Weggabelungen halten wir uns stets rechts bis wir zum *Hanner Felsen* gelangen (3/4 Std. s. Eppenzillfelsen). Wir schauen auf das alte Urach mit dem schmucken Marktplatz, umrahmt von Fachwerkhäusern. Weiter geht es dem roten Dreiblock und der Wegziffer 18 folgend, vorbei an einer weiteren Aussichtskanzel mit Schutzhütte vor zur Straße *Hanner Steige*. Von ihr gehen wir in der Kurve nach links in den Wald zum *AP Vorderer Hanner Felsen*, der nochmals einen Blick auf das alte Urach gewährt.

Unsere aussichtsreiche Felsenwanderung nähert sich dem Ende. Der Weg führt steil *hinab in die Stadt*. Gegenüber dem Busbahnhof treten wir aus dem Wald und erreichen kurz danach unser Auto (1 1/2 Std. s. dem Hanner Felsen).

Vorschlag für eine 4-Tages-Wanderung

Von der Münsinger Alb durchs Große Lautertal zur Donau

Die beiden folgenden 2-Tages-Wanderungen durch eines der schönsten Täler der Schwäbischen Alb lassen sich bei genügender Kondition und Wanderfreude zu einer 4-Tages-Wanderung zusammenfassen.

So sollte gewandert werden:

1. Tag = 1. Tag der Wanderung Nr. 10
2. Tag = 2. Tag der Wanderung Nr. 10
Übernachtung am 2. Tag: wie 3. Tag bzw. 1. Tag der Wanderung Nr. 11
3. Tag = 1. Tag der Wanderung Nr. 11
4. Tag = 2. Tag der Wanderung Nr. 11

Zurück zu den einzelnen 2-Tages-Wanderungen

10

Von der Münsinger Alb auf den Sternberg und hinunter ins obere Große Lautertal

Unsere Wanderung verbindet die kuppige Hochfläche der Münsinger Alb mit ihrem schönsten Tal. Malerische Flußschlingen, weiße Felsen mit hoch thronenden Burgruinen bestimmen das Bild dieser reizvollen Landschaft.

Ausgangsort

Ehestetten, Ortsteil von Hayingen, an der Straße Hayingen – Gomadingen

Ruine Hohenhundersingen

Übernachtung

Gasthof ZUM HIRSCH, 72532 Gomadingen-Dapfen, Tel. (07385) 427

Wanderkarte 1 : 50000

L 7722 Munderkingen

Hinweis

Wer es ermöglichen kann, sollte die sonntags stark frequentierten Wanderwege im Großen Lautertal – streckenweise auch Radwanderwege – besser werktags wandern.

Tourenbeschreibung

	1. Tag	**2. Tag**
Weglänge:	21 km	21 km
Gehzeit:	5 1/2 Std.	6 Std.
Steigung:	220 m	310 m
Einkehrmöglichkeiten:	Ödenwaldstetten, SAV-Wanderheim auf dem Sternberg geöffn. Sa/So/F Tel. (07385) 1790	In den Dörfern entlang des Wanderweges

1. Tag
Ehestetten – Ödenwaldstetten – Sternberg – oberhalb Marbach – (Gestüt) – Dapfen

Wir stellen unser Auto in *Ehestetten* (evtl. Rathaus / Schule) ab. An der *Kreuzung* in der *Ortsmitte* verlassen wir das Dorf auf der Straße *Steige* mit der gelben Raute in Richtung Ödenwaldstetten. Am Ortsende bei der Weggabelung geht es nach rechts. *Aufpassen:* Etwa 600 m danach kommen wir an eine weitere Wegteilung. Die Markierungstafel zeigt zwar eindeutig in die bisherige Richtung geradeaus, das ist jedoch nicht unser Weg. Wir müssen vielmehr den Fahrweg rechts gehen, wo wir die Markierung wegen der eindeutigen Richtungsweisung nach links nicht vermuten. Im weiteren Verlauf des streckenweise neu angelegten Weges weist uns die Markierung, in Zweifelsfällen geradeaus. Am Rande der Wacholderheide (NSG) *Geißberg* biegen wir im spitzen Winkel mit der gelben Raute nach links, vorbei an einer Schutzhütte mit Grillplatz. Etwa 200 m danach, an einer Weggabelung mit Baumgruppe und Feldkreuz nach rechts. An der bewaldeten *Höhe Rommetsberg* entlang erreichen wir *Ödenwaldstetten* (1 3/4 Std.).

In dem schmucken Albdorf gehen wir zur *Ortsmitte* und an der *Kreuzung nahe der Kirche* nach rechts mit dem gelben Dreieck den *Sternbergweg* zum Dorf hinaus. Wir wandern direkt auf unser nächstes Ziel, den Sternberg, zu. Der Weg führt geradeaus in den Wald. Wegen der vielen Weggabelungen, Abzweigungen und Richtungsänderungen erscheint eine Wegbeschreibung nicht nachvollziehbar; sie würde eher verwirren. Deshalb folgen wir der sehr guten Markierung mit dem gelben Dreieck, später dem roten Strich (HW 5) und gelangen durch Wälder und über reizvolle Heidelandschaften auf den *Sternberg* (2 Std. s. Ödenwaldstetten).

Das dortige **Wanderheim** des Schwäbischen Albvereins ist an Wochenenden geöffnet. Vom ständig zugänglichen **Sternbergturm** (AT des Schwäb. Albvereins) schweift der Blick über die Münsinger Kuppenalb zu Hohenneuffen, Teck, Roßberg, Schloß Lichtenstein und dem Bussen, um nur einige zu nennen. Relieftafeln mit eingravierten Ortsangaben ermöglichen eine gute Orientierung.

Den Sternberg verlassen wir mit dem roten Strich (HW 5) waldabwärts, über eine Wacholderheide, links am Waldrand bleibend, in *Richtung Marbach*. Nach Verlassen des Waldes an der ersten Straßengabelung – rechts steht eine lange Halle – gehen wir nach rechts und nach etwa 100 m am Waldrand nach links. Im weiteren Verlauf über einen Wiesenweg nach rechts in den Wald. Nach knapp 10 Min. weist uns das Zeichen im Wald rechts zur nahen Straße. Diese überqueren und der Markierung folgend durch den Wald bzw. am Waldrand entlang. Unten liegt das Haupt- und Landgestüt Marbach. Wir bleiben oben und wandern auf schmalem Pfad nach Dapfen. Auf Höhe der Kirche geht es die Kirchsteige abwärts. *Aufpassen:* In der Kurve (Kriegerdenkmal) verlassen wir die Straße nach links und nach 50 m bei zwei Häusern nach rechts auf Stufen den Hang abwärts. Unten die Straße überqueren (gut markiert) zur Lauter und vor der Brücke nach rechts zum nahen *Gasthaus Hirsch*, wo wir einkehren und den Tag beschließen werden (1 3/4 Std. s. Sternberg).

2. Tag

Dapfen – Wasserstetten – Buttenhausen – Hundersingen – Bichishausen – Gundelfingen – Ruine Hohengundelfingen – Wittsteig – Ehestetten

Vom Haus weg geht es *über die Lauter* nach rechts. Am Ortsende (250 m) nochmals rechts mit dem roten Strich (HW 5) nach *Wasserstetten*. In der *Dorfmitte (Kurve)* weist uns der rote Strich nach rechts die *Schachenstraße* ortsauswärts und nach wenigen Metern am Waldrand links. Hier gehen wir gleich nochmals links, verlassen den HW 5 und wandern dem gelben Dreieck folgend nach Buttenhausen. Reizvolle Wacholderheiden zieren die gegenüberliegende Hangseite. In der Talaue treffen wir auf das einzige größere Feuchtgebiet mit Naßwiesen im Großen Lautertal, die *Riedwiesen*. Mit etwas Glück können wir hier sowie im gesamten Tal Graureiher beobachten. Vor dem Ort überschreiten wir abermals die Lauter und wandern nach *Buttenhausen* hinein (1 1/2 Std.).

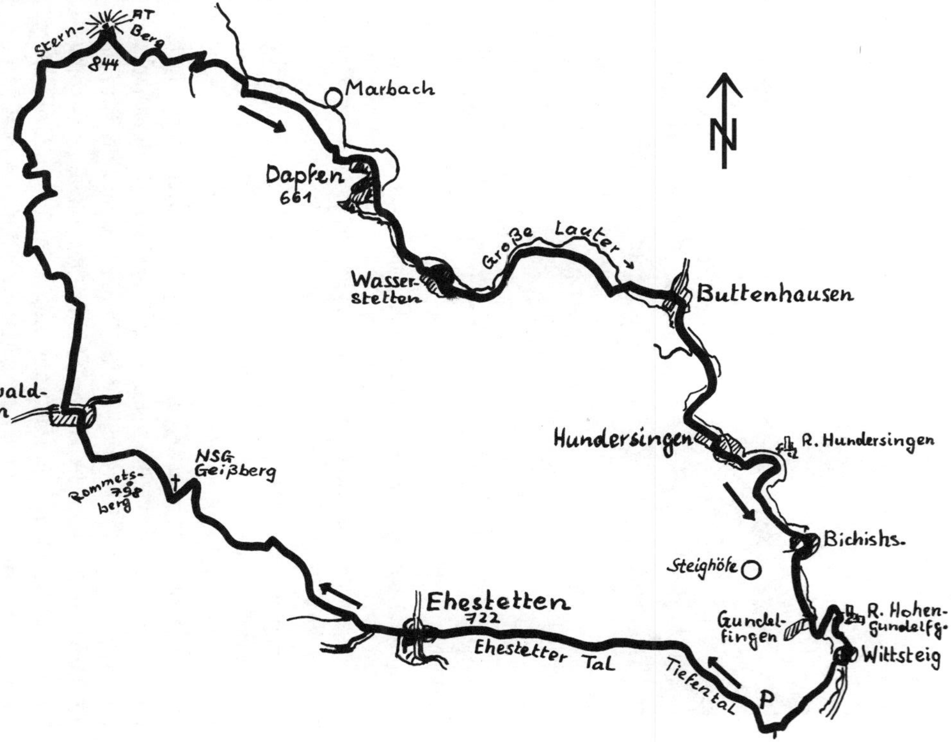

Stern-
AT
Berg
844
Marbach
N
Dapfen
661
Große Lauter
Wasser-
stetten
Buttenhausen
Ödenwald-
stetten
742
Hundersingen
R. Hundersingen
NSG
Geißberg
Rommets-
798
berg
Bichishs.
Steighöfe
Ehestetten
722
Gundel-
fingen
R. Hohen-
gundelfg.
Wittsteig
Ehestetter Tal
Tiefental
P

Blick von der Ruine Hohengundelfingen ins Große Lautertal

Nach der ersten *Straßengabelung* führt der Weg *nach rechts* auf dem *Badgäßle* über die Lauter nach *Hundersingen* (1/2 Std. s. Buttenhausen).
Hier treffen wir erneut auf den roten Strich des HW 5 und wandern mit diesem der Lauter entlang. Mit jeder Flußbiegung genießen wir einen neuen reizvollen Ausblick. Unser Weg führt durch das idyllische *Bichishausen* mit seiner schönen Pfarrkirche mit Zwiebelturm (18. Jh.) und kurz danach zu den ersten Häusern von *Gundelfingen* (knapp 1 Std. s. Hundersingen).
Wir bleiben auf dem HW 5, gehen vor zur Straße und wandern links aufwärts zur

Burgruine Hohengundelfingen. Sie zählt zu den ehem. 14 Burgen des Großen Lautertals, meist aus staufischer Zeit.
Wir genießen einen schönen Ausblick auf die Flußschlingen mit Gundelfingen, Wittsteig und die Ruine Niedergundelfingen.

Weiter geht es abwärts nach *Wittsteig*, nach dem schmucken Gasthof über die Straße und den Fluß zum nahen Waldrand (3/4 Std. s. Gundelfingen).
Der bequeme Wanderweg mit dem roten Strich führt nach rechts und nach etwa 300 m links waldaufwärts zur Hochfläche *(Abkürzung:* Halblinks den steilen Pfad mit dem Zeichen *Burgenweg,* bei Nässe nicht zu empfehlen). Oben gelangen wir mit dem roten Strich auf eine Lichtung mit Schutzhütte, Grill- und Spielplatz. An der Weggabelung verlassen wir den HW 5 und gehen rechts der gelben Raute folgend abwärts. Am Parkplatz rechts auf gut markiertem Weg durch den schattigen Wald des *Tiefentals* und im sich anschließenden *Ehestetter Tal* hinauf zur Hochfläche nach *Ehestetten* (2 Std. s. Wittsteig).

11

Von der Donau ins Große Lautertal

Wir wandern zur prachtvollen Barockkirche von Zwiefalten, zur Wimsener Höhle und durchs Glastal ins reizvolle, von Felsen und Burgruinen umsäumte Große Lautertal.

Ausgangsort

Rechtenstein an der Donau, Straße Obermarchtal – Hayingen

Übernachtung

Gasthof HIRSCH, 72534 Hayingen-Indelhausen, Tel. (07386) 97780

Wanderkarte 1 : 50000

L 7722 Munderkingen

Hinweise

Der erste Tag erfordert wegen seiner Weglänge und der Sehenswürdigkeiten (Barockkirche, Wimsener Höhle) viel Zeit.
An den meisten Wochenenden ist das Große Lautertal stark frequentiert; wer es ermöglichen kann, wandere deshalb besser werktags.

Tourenbeschreibung

	1. Tag	**2. Tag**
Weglänge:	25 km	17 km
Gehzeit:	knapp 7 Std.	4 1/2 Std.
Steigung:	240 m	230 m
Einkehrmöglichkeiten:	Baach, Zwiefalten, Gossenzugen, Ghs. Friedrichshöhle (Wimsener Höhle), Hayingen	Laufenmühle im Lautertal Ruhetag: Mo

1. Tag
Rechtenstein – Emeringen – Baach – Zwiefalten – Gossenzugen – Wimsener Höhle – Glastal – Hayinger Brücke – Hayingen – Maisenburg – Indelhausen

Wir parken in *Rechtenstein am ehem. Bahnhof*. Hier beginnt unsere Wanderung mit dem roten Strich (HW 7) entlang der Donau *ins Dorf*. Am *Wasserkraftwerk* vorbei geradeaus den *Braunselweg* ortsauswärts. Zunächst wandern wir entlang der Donau und Felswänden, danach zur Hochfläche und weiter nach *Emeringen* (3/4 Std.).

In der *Dorfmitte* vor dem Rathaus *links* und nach wenigen Metern rechts *an der Kirche vorbei* zum nahen Waldrand. Dort nach links in knapp 10 Min. zu einem leicht erhöhten Aussichtspunkt.

Wir stehen am Rande des **Emerberges** und blicken auf Emeringen, ins Donautal mit unserem Ausgangsort Rechtenstein und auf den Hochberg im Hintergrund. Rechts hinter dem Wald die Türme der Klosterkirche von Obermachtal.

Nach kurzem Weiterwandern schauen wir über die Donau hinweg auf den „heiligen Berg" Oberschwabens, den 767 m hohen Bussen mit seiner Wallfahrtskirche, unten liegt Zwiefaltendorf.

Wir bleiben auf dem Weg bis zur kleinen *Peterskapelle*. Hier weist uns das blaue Dreieck links abwärts nach *Baach* (1 1/2 Std. s. Emeringen).

In der *Ortsmitte am Brunnen* geradeaus den *Kapellenweg* aufwärts und auf schmalem Pfad hinunter nach *Zwiefalten* (1/2 Std. s. Baach).

Das zweitürmige **Zwiefalter Münster**, 1744–1765 nach Plänen des Baumeisters Joh. Michael Fischer errichtet, 1975–1984 umfassend renoviert, zählt zu den schönsten Barockkirchen Deutschlands; prachtvolles Deckengemälde, sehr schönes Chorgestühl.

Weiter gehts mit dem roten Dreieck (HW 2) nach rechts in die *Sägmühlstraße* und nach wenigen Metern links auf der *Gerberstraße* nach *Gossenzugen*. Dort über die Brücke nach rechts zu einer beschaulichen Wanderung durch das Tal der *Zwiefalter Aach*, wobei wir mit etwas Glück Graureiher beobachten können. Zuletzt auf schmalem Pfad an Felswänden entlang zur *Wimsener Höhle* (1 Std. s. Zwiefalten).

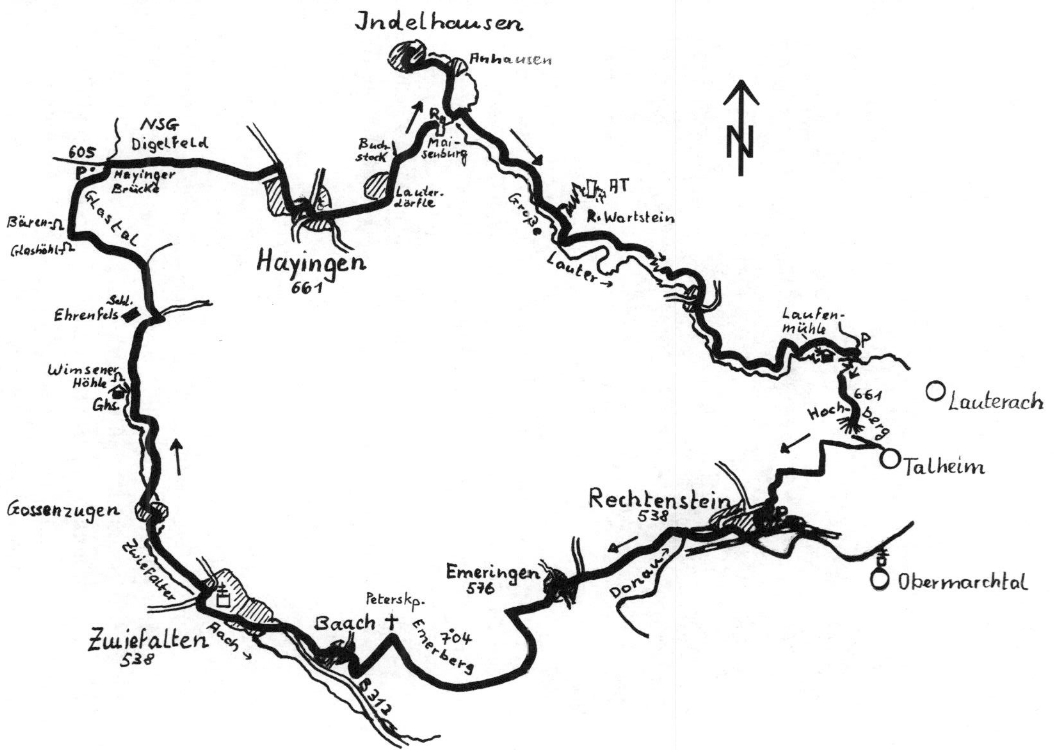
Indelhausen
Anhausen
NSG
Digelfeld
605
P
Hayinger
Brücke
Glastal
Bären-
Glashöhl
Buch-
stock
Mai-
senburg
Lauter-
dörfle
Hayingen
661
Große
Lauter
AT
R. Wartstein
Schl.
Ehrenfels
Wimsener
Höhle
Ghs.
Laufen-
mühle
P
661
Hoch-
berg
Lauterach
Talheim
Gossenzugen
Zwiefalter
Zwiefalten
538
Aach
Baach
Peterskp.
704
Emerberg
B 312
Emeringen
576
Rechtenstein
538
Donau
Obermarchtal

Wacholderheide Digelfeld bei Hayingen

In der **Wimsener Höhle** tritt das Karstwasser hervor (Schüttung: ca. 150–200 Liter pro Sekunde), das als **Zwiefalter Aach** zur Donau fließt. Es ist die einzige Höhle der Alb, die befahren werden kann (die 70 m ins Gewölbe führende Kahnfahrt kann nur empfohlen werden). Nach dem württembergischen König Friedrich, der die Höhle 1803 besuchte, wird sie auch **Friedrichshöhle** genannt.

Wir wandern *rechts das Sträßchen weiter* und nach knapp 10 Min. auf einer Lichtung einen Alleenweg mit alten Bäumen links aufwärts zum *Schloß Ehrenfels*. Hier rechts und nach wenigen Schritten an der Wegteilung links ins *Glastal*. Mit seinen hohen Felswänden, der Glas- und kleinen Bärenhöhle gehört es zu den landschaftlichen Schönheiten der Alb. Wir wandern hinauf zur *Hayinger Brücke*, ein Rast- und Grillplatz mit Schutzhütte. An der Weggabelung vorn gehts nach rechts, vorbei an der *Wacholderheide Digelfeld* nach *Hayingen* (1 3/4 Std. s. Wimsener Höhle).

Im schmucken *Ortskern* an der *Kirche* gehen wir links die *Marktstraße* zum Ort hinaus. Der Weg führt am *Feriendorf Lauterdörfle* entlang zur *Weggabelung Buchstock* am Waldrand. Dort geradeaus zur *Ruine Maisenburg*. Diese liegt hinter einem Gehöft und kann nur vom Tal aus erreicht werden. Vor der Burg gehts rechts abwärts ins Tal. Dort mit dem roten Strich wenige Meter nach links und bei der Kläranlage den Pfad geradeaus aufwärts. Über eine Wiese, an *Anhausen* vorbei, wandern wir nach *Indelhausen* zum Gasthof Hirsch, wo wir übernachten werden (1 1/4 Std. s. Hayingen).

Die Große Lauter
bei Indelhausen

2. Tag

Indelhausen – Maisenburg – Ruine Wartstein – Unterwilzingen – Laufenmühle – Hochberg – Rechtenstein

Vom Gasthof aus überqueren wir die Straße zum *Ringwallweg* und gehen von diesem mit dem roten Strich (HW 5) *nach links ins Lautertal*. An der *Weggabelung Maisenburg*, wo wir gestern ins Tal kamen, links über die Lauter und gleich rechts flußabwärts. Dieses vom Wasser geformte und von Felsen umsäumte, schmale Wiesental wird als eines der reizvollsten Wandergebiete der Alb gerühmt. In Stille und Einsamheit (nicht an Wochenenden) durchwandern wir den autofreien Talabschnitt zwischen Anhausen und der Laufenmühle. Bald erblicken wir den hellen markanten Turm der *Ruine Wartstein*, das Wahrzeichen des unteren Lautertales, zu dem nach einigen Fluß- und Talschlingen ein schmaler Pfad gut markiert nach links steil aufwärts führt (1 Std.).

Ruine Wartstein; erbaut im 12. Jh. vom gleichnamigen Grafengeschlecht, zerstört Ende des 15. Jhs. Wir genießen eine prächtige Aussicht hinüber zum Bussen und zu unserem nächsten Ziel, dem Hochberg (zur Hälfte bewaldet), unten die Flußschlingen der Lauter mit dem Wartsteinbrückchen.

Ruine Wartstein

Unser Weg führt mit dem roten Strich und dem Burgenwegzeichen rechts abwärts in *Richtung Monsberg*. Bereits nach wenigen Metern vor einer Ruinenwand gehen wir links leicht aufwärts, danach etwa 1/2 Std. am Trauf entlang (Ruine Monsberg ist verfallen) und auf schmalem Pfad *ins Tal*. Wir sind wieder an der Lauter. Hier öffnet sich das Tal zu einer breiten Ebene. Nach wenigen Metern verlassen wir unseren Weg nach rechts über einen Steg zum *Ortsrand von Unterwilzingen* (1 Std. s. R. Wartstein). Wir überqueren die Lauter und wandern nach rechts ins erneut enger werdende Tal zur *Laufenmühle* (3/4 Std. s. Unterwilzingen). Auf dem Sträßchen geradeaus zum nahen Parkplatz, dort nach rechts in den Wald und den schmalen Pfad steil hinauf. Wir folgen der guten Markierung mit dem roten Strich (nun HW 7) den Hangwald aufwärts zum *Hochberg* (1/2 Std. s. Laufenmühle).

Vom **Hochberg** schweift unser Blick übers Donautal zum Bussen und ins weite oberschwäbische Land. Wenn wir am Waldrand kurz nach rechts gehen, blicken wir ins Große Lautertal mit der Ruine Wartstein. Eine Schutzhütte und Sitzgruppen laden zur Rast ein.

Die letzte Strecke unserer Wanderung führt mit dem roten Strich geradeaus abwärts. Wir folgen dem Weg bis *kurz vor den Ort Talheim*. Hier gehts im spitzen Winkel mit der blauen Raute nach rechts auf dem Panoramaweg mit mehreren Abbiegungen gut markiert ins Tal nach *Rechtenstein* (knapp 1 Std. s. Hochberg).

Vorschlag für eine 4-Tages-Wanderung

Wandern auf der Reutlinger Alb und durchs Killertal hinauf zur Zollernalb

Die beiden folgenden 2-Tages-Wanderungen lassen sich bei genügender Kondition und Wanderfreude zu einer 4-Tages-Wanderung von der Reutlinger Alb zur Zollernalb zusammenfassen.

So sollte gewandert werden:

1. Tag = 1. Tag der Wanderung Nr. 12
2. Tag = 2. Tag der Wanderung Nr. 12
   Übernachtung Gasth. DREIFÜRSTENSTEIN, 72379 Hechingen-Beuren, Tel. (07477) 704 (bis 6 Personen)
3. Tag = 1. Tag der Wanderung Nr. 13
4. Tag = 2. Tag der Wanderung Nr. 13

Zurück zu den einzelnen 2-Tages-Wanderungen

12

Hinauf zum Dreifürstenstein und dem Mössinger Bergrutschgebiet am Hirschkopf; am Trauf entlang zum Bolberg und hinüber auf die Kuppenalb des Heufeldes

Ausgangsort

Beuren, Ortsteil von Hechingen, unterhalb des Dreifürstensteins, von der B 32 zwischen Hechingen und Schlatt links aufwärts.

Übernachtung

Landhotel SONNENBÜHL, 72820 Sonnenbühl-Willmandingen, Tel. (07128) 9283-0 und (07128) 1771

Wanderkarten 1 : 50000

– L 7720 Albstadt
– L 7718 Balingen
– L 7520 Reutlingen

Hinweis

Wegen des angenehmen zweiten Tages erscheint diese abwechslungsreiche Tour für Anfänger von 2-Tages-Wanderungen besonders geeignet.

Tourenbeschreibung

	1. Tag	**2. Tag**
Weglänge:	20 km	19 km
Gehzeit:	5 1/2 Std.	4 Std.
Steigung:	580 m	160 m
Einkehrmöglichkeiten:	Talheim	Salmendingen

1. Tag
Beuren – Dreifürstenstein – NSG Mössinger Rutschgebiet – Talheim – Riedernberg mit AP Heidenburg – Bolberg – Willmandingen

Wir fahren durch *Beuren* zum ausgewiesenen *Parkplatz*. Hier beginnt unsere Wanderung mit dem blauen Dreieck. Beim Spielplatz links und bei der nächsten Kreuzung geradeaus in den Hangwald mit Steilanstieg zum *Dreifürstenstein* (3/4 Std.). Wir genießen den ersten schönen Blick zur Burg Hohenzollern und zum Albtrauf.
Die Weiterwanderung führt wenige Meter zurück zur Weggabelung. Von dort mit dem roten Dreieck (HW 1) am Trauf entlang zum *NSG Mössinger Rutschgebiet* (1/2 Std. s. Dreifürstenstein).

Mössinger Bergrutsch. Am 12. April 1983 ereignete sich an diesem bewaldetem Steilhang eine Naturkatastrophe. Seit Tagen regnete es. Die Erde vermochte das Wasser nicht mehr aufzunehmen. Auf

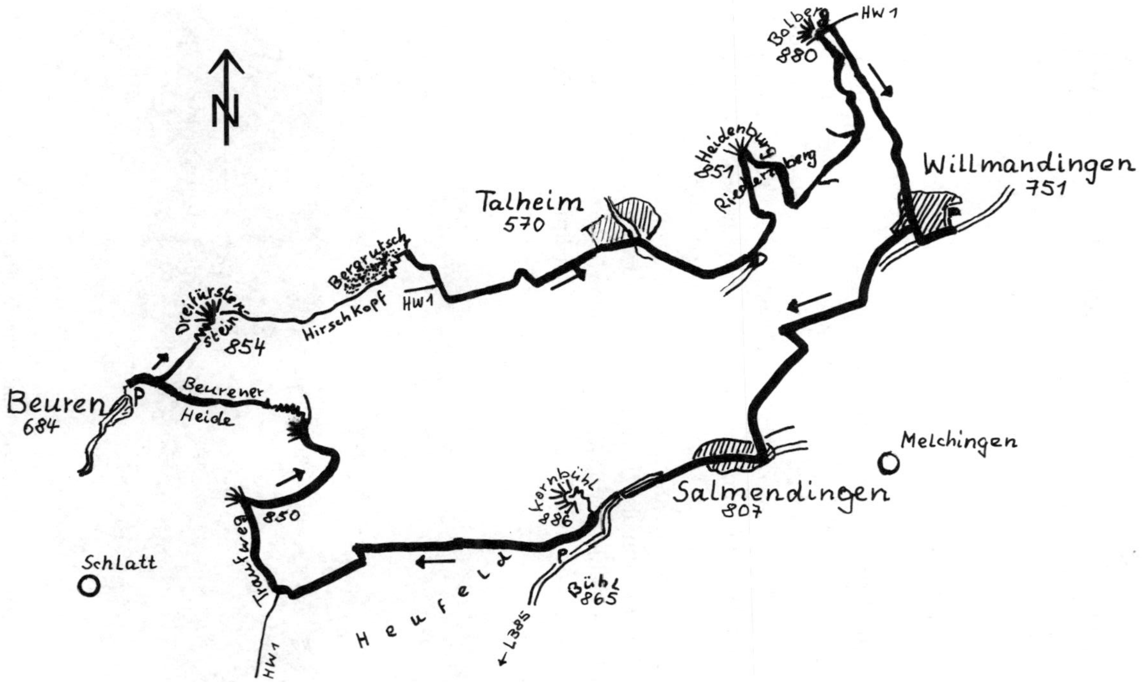
N
Willmandingen
751
Bolberg
880
HW 1
Heidenburg
851
Talheim
570
Bergrutsch
HW 1
Hirschkopf
Dreifürstenstein
854
Beuren
684
P
Beurener
Heide
850
Traufweg
HW 1
Schlatt
Heufeld
Kornbühl
886
P
Bühl
865
L385
Salmendingen
807
Melchingen

einer Länge von 600 Metern rutschte der Hang. Etwa vier Millionen Kubikmeter Erde, Geröll mit sämtlicher Vegetation wurden in die Tiefe gerissen. Eine bizarre Steilwand und ein ideales Rückzugsgebiet für seltene Tiere und Pflanzen hat der Bergrutsch hervorgebracht, einen Neuanfang von Flora und Fauna.

Der Weiterweg führt am Trauf entlang. Nach etwa 5 Min. geht es an einer *Schutzhütte* mit dem blauen Dreiblock in *Richtung Farrenberg* links abwärts. Bei Waldaustritt direkt am Waldrand nach rechts den Fahrweg (nicht markiert) an einem Schuppen vorbei und bei der nächsten Weggabelung auf freiem Feld nochmals rechts. Nach gut 5 Min. kommen wir auf den HW 1 und wandern mit dem roten Dreieck in das bereits sichtbare *Talheim* (1 1/4 Std. s. Mössinger Rutschgebiet).
Auf der Straße nach Melchingen weist uns das rote Dreieck zum Dorf hinaus. Etwa 300 m nach Ortsende biegen wir nach links auf einem Waldweg hinauf zum *Riedernberg* und dem *AP Heidenburg* mit Schutzhütte und Grillplatz (1 Std. s. Talheim).

Herbststimmung auf der Alb

Der gut markierte Weg führt uns zur nächsten Weggabelung, dort scharf links abwärts in eine Senke und wieder hinauf zur Hochfläche. Nach Waldaustritt führt unser Weg über eine Wiese. Beim Zurückschauen ist das Riesenrad vom Märchenland bei der Bärenhöhle zu sehen. Wir erreichen wieder den Wald und wanderen die letzen Meter hinauf zum *Bolberg* (1 1/4 Std. s. AP Heidenburg).

Der **Bolberg** (880 m) zählt zu den prächtigen großen Aussichtsfelsen der Schwäbischen Alb. Unser Blick reicht weit hinunter ins dichtbesiedelte Albvorland von Reutlingen und Mössingen. Am Albtrauf sehen wir rechts den Roßberg mit seinem markanten Aussichtsturm und links die kahle Hochfläche des Farrenbergs, dahinter den Dreifürstenstein. Eine Schutzhütte des Schwäbischen Albvereins, Grillplatz und Sitzgruppen laden zur Rast ein.

Die Aufstiege unserer 2-Tages-Wanderung sind geschafft. Wir wandern bequem mit dem roten Dreieck etwa 100 m zur nächsten Weggabelung und dort mit dem roten Dreiblock nach rechts über die Hochfläche der Reutlinger Alb nach *Willmandingen* abwärts. Im Ort gehen wir bis zur Kirche, dort links und am Ortsausgang nochmals links zum Landhotel Sonnenbühl, wo wir übernachten werden (3/4 Std. s. Bolberg).

2. Tag

Willmandingen – Salmendingen – Kornbühl – über das Heufeld zum Albrand mit Traufweg HW 1 – AP Brunnengrat – Beurener Heide – Beuren

Wir gehen im Dorf vor *zur Kirche*, dort nach rechts und bei der nächsten *Kreuzung vor der Raiffeisenbank* mit dem roten Dreiblock *nach links* auf dem *Fahrsträßchen hinaus* über die Reutlinger Alb. An der kleinen Brücke über den meist trockenen Ursprungsbach der Lauchert gehen wir rechts und an der Wegkreuzung etwa 150 m vor der Fahrstraße links (nicht markiert) auf eine Baumgruppe zu. Dort nach rechts in das sichtbare *Salmendingen* hinein (1 Std.).

Durch das Dorf geradeaus hindurch; danach einen Hohlweg kurz ansteigend. Wir haben die *Kuppenalb des Heufeldes* vor uns. Der Weiterweg führt an einem einzelstehenden Baum mit Feldkreuz und Sitzgruppen vorbei und wechselt kurz danach die Straßenseite, wo wir direkt neben der Straße zum nahen Kornbühlparkplatz gelangen. Auf einem Stichweg erreichen wir leicht ansteigend die Kuppe des *Kornbühl* mit der *Salmendinger Kapelle* (3/4 Std. s. Salmendingen).
Wir genießen eine herrliche Rundsicht; eine Reliefplatte ermöglicht eine gute Orientierung.
Auf dem Stichweg geht es zurück zum Kornbühlparkplatz. Dort nach rechts mit dem roten Dreiblock in *Richtung Jungingen* parallel zur Straße zum nächsten Parkplatz. Über diesen hinweg geradeaus in den Wald, wo wir nach 1/4 Std. markierungsgemäß nach links den Wald verlassen. Bei Waldaustritt gehen wir rechts am Waldrand entlang, danach geradeaus über freies Feld und erreichen in etwa 10 Min. den *Albrand* (1 1/2 Std. s. Kornbühl).
Auf dem *Traufweg* nach rechts mit dem roten Dreieck zum *AP Brunnengrat* mit nochmals prächtigem Blick zur Zollernburg. Der Weiterweg führt mit schönen Ausblicken in eine Senke mit einem abgestorbenen Baum (3/4 Std. s. AP Brunnengrat).
Aufpassen: Hier an der Weggabelung ist die Markierung auf der Gegenseite des starken Baumstammes angebracht und kann deshalb aus unserer Richtung kommend leicht übersehen werden. Der nun beginnende Steilabstieg führt mit dem blauen Dreieck links abwärts ins *NSG Beurener Heide* (Näheres siehe Wanderung Nr. 13, S. 88).
Bei Erreichen des Spielplatzes ist der Rundkurs geschlossen; wir gehen vor zum *Parkplatz* und beenden eine schöne und abwechslungsreiche 2-Tages-Wanderung.
Wer auf der 4-Tages-Wanderung unterwegs ist, steigt morgen wieder hinauf zum Traufweg und wandert von dort nach rechts mit dem roten Dreieck über Jungingen zum Nägelehaus auf dem Raichberg.

13

Mit Zollernblick: Vom Albtrauf des Heufeldes ins Killertal und hinauf zum Raichberg

Eine reizvolle Wanderung, die mit prächtigen Ausblicken zwei Anstiege vergessen läßt. Angenehm und beschaulich führt der Weg am zweiten Tag unterm Trauf zurück.

Burg Hohenzollern

Ausgangsort

Beuren, Ortsteil von Hechingen, unterhalb des Dreifürstensteins, von der B 32 zwischen Hechingen und Schlatt links aufwärts.

Übernachtung

NÄGELEHAUS, SAV-Wanderheim / Höhengasthof auf dem Raichberg, 72461 Albstadt 3-Onstmettingen, Tel. (07432) 21715

Wanderkarten 1 : 50000

- L 7718 Balingen
- L 7720 Albstadt

Hinweise

Wegen der Ruhetage im Nägelehaus sollte diese 2-Tages-Wanderung nicht am Montag oder Dienstag beginnen.
Gutes Schuhwerk, Kondition und Trittsicherheit sind erforderlich.

Tourenbeschreibung

	1. Tag	**2. Tag**
Weglänge:	18,5 km	16 km
Gehzeit:	6 Std.	gut 4 1/2 Std.
Steigung:	550 m	310 m
Einkehrmöglichkeiten:	Jungingen	Boll

1. Tag

Beuren – NSG Beurener Heide – Traufweg bei Höhe 848 – AP Brunnengrat – AP Weilerwaldkopf – Jungingen / Killertal – AP Hoher Berg / Himberg – Hangender Stein – Trauffelsen – Raichberg – Nägelehaus

Wir fahren durch *Beuren* zum ausgewiesenen *Parkplatz*. Hier beginnt unsere Wanderung mit dem blauen Dreieck. Beim Spielplatz geht es rechts ins

NSG Beurener Heide. Eine reizvolle, unterm Trauf liegende Heidelandschaft mit den für die Alb typischen Wacholderbüschen, Silberdisteln und anderen seltenen Pflanzen. Dazu ein herrliches Panorama mit Dreifürstenstein, dem Albtrauf und über dem Killertal stolz aufragend die **Zollernburg** (neugotisch, 1850–1867) als malerischer Höhepunkt.

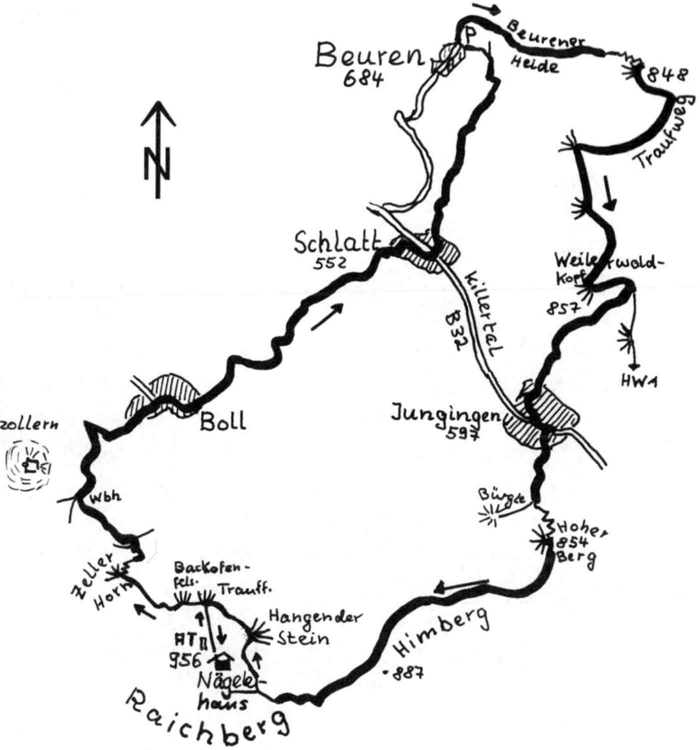
Beuren
684
P
Beurener
Heide
848
Traufweg
N
Schlatt
552
Killertal
B32
Weilerwald-
Kopf
857
HW1
Burg
Hohenzollern
855
Boll
Jungingen
597
Wbh
Bürgle
Hoher
854
Berg
Zeller
Horn
Backofen-
fels.
Trauff.
Hangender
Stein
956
Nägele-
haus
Himberg
887
Raichberg

Bei Erreichen des Waldes (670 m) wandern wir geradeaus den Hangwald aufwärts, im oberen Bereich steil ansteigend zum *Traufweg* (1 Std.).
Hier mit dem roten Dreieck (HW 1) nach rechts in wenigen Minuten zur *Höhe 848* und mit weiteren schönen Ausblicken zum *AP Brunnengrat*. Von hier ist die Burg prächtig anzuschauen. Unser Traufweg verläuft weiter im schattigen Waldrand. Bei Waldaustritt schauen wir nach links auf die weite Kuppenalb des Heufeldes mit den markanten Kegelbergen Kornbühl (links mit Salmendinger Kapelle) und Bühl (Mitte). Kurz danach erreichen wir den nächsten *AP Weilerwaldkopf* mit erneut schönem Blick ins Killertal und zur Zollernburg. Hoch über dem Tal sehen wir den Sendeturm auf dem Raichberg, unser heutiges Tagesziel. Weiter geht es, nur kurz auf dem Fahrweg, und gleich wieder nach rechts auf den Traufweg im Waldrandbereich. Nach etwa 500 m verlassen wir diesen nach rechts und wandern mit dem roten Dreiblock waldabwärts nach *Jungingen* (gut 2 Std. s. Erreichen des Traufweges).
Im Ort auf der *Hauptstraße (B 32)* nach *links* zur Fußgängerampel. Dort die Straße überqueren, an *Kirche und Schulhaus vorbei, über die Bahnschiene* geradeaus die Baumwiese hinauf zum Waldrand. Im Wald zunächst durch dichte Tannenschonung, danach mit dem roten Dreieck den Fahrweg aufwärts. *Aufpassen:* Im oberen Bereich verlassen wir den Fahrweg nach rechts auf gut markiertem Pfad steil ansteigend zum *AP Hoher Berg / Himberg* (knapp 1 Std. s. Jungingen).
Prächtige Ausblicke hinüber zur Burg, nach Hechingen und ins Killertal belohnen uns für den Aufstieg. Schutzhütte und Grillplatz laden zur Rast ein.
Gut 1 Std. wandern wir den Traufweg entlang zu einer Hochwiese, wo wir nach rechts zum *Hangenden Stein* abbiegen (1 1/2 Std. s. AP Hoher Berg).

Hangender Stein. Hier wird die Erosionstätigkeit des Wassers im Juragestein des Nordtraufs besonders deutlich. Ein großer Teil des Felsens löste sich und ist von der Hochfläche durch einen tiefen, unüberwindbaren Graben getrennt (Hangender Stein). Ein kleines Brückchen verbindet die Hochfläche mit der Hangkante, von der besonders das Heufeld mit Kornbühl und Bühl gut zu sehen ist.

Weiter geht es am Trauf entlang zum *AP Trauffelsen*. Bei guter Sicht reicht der Blick vom Schwarzwald bis zum Stuttgarter Fernsehturm. Zum Abschluß der aussichtsreichen Etappe des ersten Tages gehen wir nach links auf die *Kuppe des Raichberges* (1/4 Std. s. Hangender Stein).

Vom **Aussichtsturm des Schwäbischen Albvereins** geht der Blick nach Süden über die Hochfläche der Südwestalb mit Großem Heuberg und bei guter Sicht bis zu den Schweizer Alpen.

Nach nur wenigen Schritten sind wir im *Nägelehaus*, wo wir übernachten werden.

2. Tag
Nägelehaus – Trauffelsen – Backofenfelsen – Zeller Horn – Boll – Schlatt – Beuren

Vom Nägelehaus gehen wir das letzte Stück von gestern zurück zum *Trauffelsen* und weiter nach links zum *Backofenfelsen*, mit Blick zum Zollern und ins Albvorland. Wir folgen dem neuen Zeichen roter Strich (HW 3) über eine Wiese und durch ein Waldstück zum

Zeller Horn. Von hier dürfte *die Ansicht der Zollernburg* die schönste überhaupt sein, so nah und auf gleicher Höhe mit ihr sind wir sonst nirgends. Ganz rechts erblicken wir unser heutiges Ziel, Beuren unterm Dreifürstenstein.

Unser Weiterweg führt links an der Schutzhütte steil abwärts (roter Strich). Bei der ersten markanten Weggabelung mit Hütte gehen wir links und gelangen nach gut 10 Min. an eine *Wasserpumpstation*. Auf dem bisherigen Fahrweg geht es geradeaus weiter mit dem blauen Dreieck zum Waldrand mit Wegkreuzung. Dort rechts zum Wald hinaus in das vor uns liegende *Boll* (knapp 2 Std.).

In der *Dorfmitte* (Brunnen) gehen wir *rechts* und an der nächsten Straßengabelung links die *Junginger Straße* hinaus. Am *Ortsende* bei den *großen Bäumen mit Feldkreuz* führt uns die blaue Raute nach links und nach der kleinen Brücke nach rechts an Wiesen entlang zum Wald. Kurz vor Waldbeginn biegen wir markierungsgemäß nach links und gehen den Fahrweg waldaufwärts. Im oberen Bereich verlassen wir diesen nach rechts auf einem Pfad zur Anhöhe mit Weggabelung. Dort rechts den markierten Fahrweg weiter und in der ersten markanten Rechtskurve auf einem Pfad geradeaus hinunter nach *Schlatt* (1 1/4 Std. s. Boll). In der *Ortsmitte überqueren* wir bei der Fußgängerampel die *Hauptstraße (B 32)*, gehen geradeaus mit der blauen Raute über*Killertal-, Wuhr- und Brunnenwörthstraße* ortsauswärts. Am Dorfende weist uns das neue Zeichen blaues Dreieck bei der Weggabelung nach links.

Unser Weg führt – mit schönem Blick zum Albtrauf – an Wiesen entlang in den Wald. *Aufpassen*: In der ersten dichten Tannenschonung müssen wir nach links abbiegen. Wir überschreiten ein schmales Holzbrückchen und kommen nach wenigen Metern auf einen Fahrweg, gehen diesen nach rechts und nach etwa 200 m links aufwärts (markiert) nach *Beuren*. Kurz vor dem Ort bei Erreichen eines Weidezaunes geht es nach rechts auf einem Wiesenweg zum nahen *Parkplatz* (1 1/4 Std. s. Schlatt).

14

Vom Laucherttal ins Schmeiental

Zwei reizvolle Täler verbindet unsere Wanderung auf der Südwestalb. Die Steigungen sind nicht anstrengend; eine angenehme Tour mit einsamen Wegen in stiller Landschaft.

Ausgangsort

Jungnau, Ortsteil von Sigmaringen, an der B 32 zwischen Sigmaringen und Gammertingen, Bahnverbindung

Übernachtung

Gasthof RÖSSLE, 72510 Stetten a. k. M.-Frohnstetten, Tel. (07573) 728

Wanderkarte 1 : 50000

L 7920 Sigmaringen

Tourenbeschreibung

	1. Tag	**2. Tag**
Weglänge:	22 km	18 km
Gehzeit:	6 Std.	4 1/2 Std.
Steigung:	340 m	240 m
Einkehrmöglichkeiten:	Winterlingen	Rucksackvesper wird empfohlen

1. Tag

Jungnau – Veringendorf – Winterlingen – Kapffelsen – Oberer Schmeientalweg – Frohnstetter Hütte – Schmeienhöfe – Frohnstetten

Wir parken in der *Ortsmitte von Jungnau* nahe der Kirche. Hier beginnt unsere Wanderung mit dem gelben Dreieck. Die schmale *Mühlhofstraße* an der *Kirche entlang*, geradeaus über die *Lauchert* und nach wenigen Metern links – meist neben dem Bahngleis – nach *Veringendorf* (3/4 Std.).
In der *Ortsmitte* bei der Straßeneinmündung nahe dem *großen Fachwerkhaus* nach rechts *über die Lauchert und über die*

B 32. Auf der anderen Straßenseite sofort rechts die *Büttnaustraße* zum Ort hinaus ins offene Laucherttal. An der nächsten Weggabelung nach gut 1 km verlassen wir das reizvolle Laucherttal und wandern nach links mit dem gelben Dreiblock das *Büttnausträßchen* in Richtung Winterlingen. Nach gut 1/2 Std. am ersten markanten Wegdreieck im Wald gehen wir mit dem gelben Dreiblock nach links auf dem *Veringenstädter Sträßchen* weiter. *Aufpassen*: Nach etwa 40 Min. stoßen wir im Waldrandbereich auf ein Teersträßchen.

Hinweis

Dieses Sträßchen ist in der Wanderkarte als Radweg von Benzingen nach Harthausen grün eingetragen.

Wir gehen nur wenige Meter links und in dortiger Linkskurve geradeaus auf einen Waldweg. Das Zeichen gelber Dreiblock weist nach Winterlingen. Bereits nach etwa 3 Min. erreichen wir eine Wiesenlichtung. Zur Orientierung: Rechts das Abteilungstäfelchen 'III Benzingen Abt. 4 Baneich'. Ab hier ohne Wanderzeichen halblinks am hohen guten sichtbaren Vermessungsstein des Höhenpunktes 717 vorbei zum gegenüberliegenden Waldrand und an diesem entlang. Oben am Ende des Waldrandes nach rechts zum Waldeck vor, die letzten 20 m steil auf die freie Anhöhe. Dort nach links entlang der Hecke und auf dem Wiesenfahrweg rechts zum nahen querverlaufendem Asphaltweg. Auf diesem nach links in das vor uns liegende *Winterlingen* (2 1/2 Std. s. Veringendorf).

In der *Ortsmitte* gehen wir links zur *Sigmaringer Straße*. Vor dem Ortsende nach rechts zum *Naturfreibad*, Sport- und Festgelände. Kurz danach vor dem Naturbad nochmals rechts auf der *Hermann-Frey-Straße* am Sportplatz vorbei mit der gelben Raute zum Dorf hinaus. Auf der Brücke überqueren wir die B 463 und wandern gut markiert über die Hochfläche in den Wald. *Aufpassen*: Im Wald an einer Weggabelung gehen wir geradeaus zum *AP Kapffelsen* mit schöner Sicht ins Schmeiental mit Straßberg (3/4 Std. s. Winterlingen).

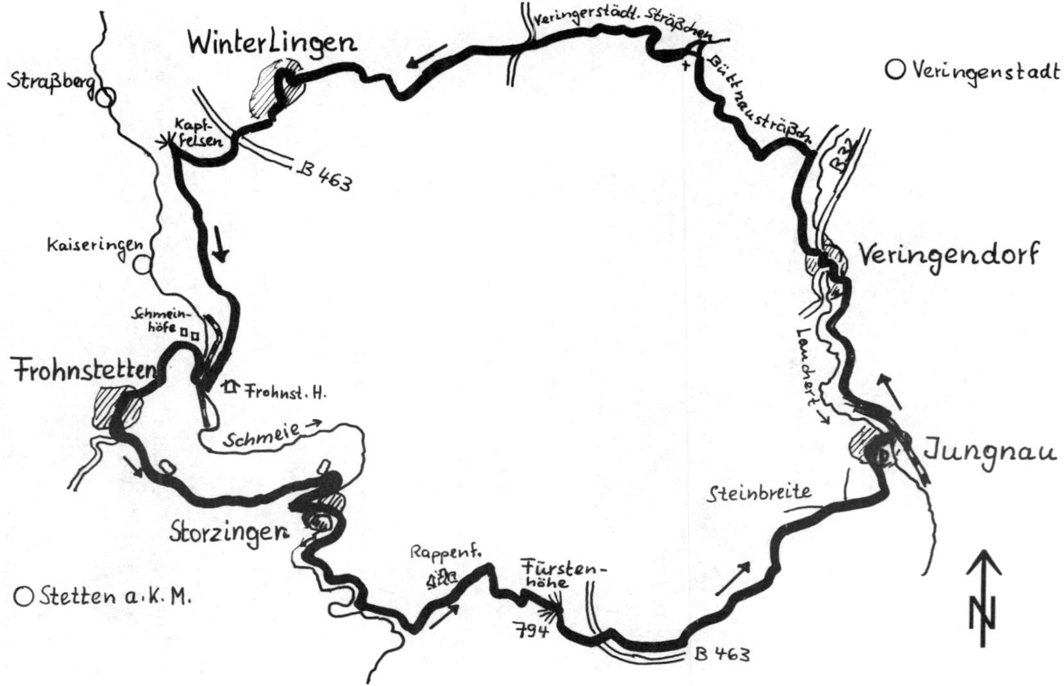

WinterLingen
Veringerstädtl. Sträßchen
Büttnausträßch.
O Veringenstadt
Straßberg
Kapf-felsen
B 463
B32
Veringendorf
Kaiseringen
Schmein-höfe
Lauchert
Frohnstetten
Frohnst. H.
Schmeie
Jungnau
Steinbreite
Storzingen
Rappenf.
Fürsten-höhe
794
O Stetten a.K.M.
B 463
N

Über die Hochfläche

Unser Weiterweg führt zur Weggabelung zurück und dort nach rechts mit dem gelben Dreieck den *Schmeientalweg* weiter. Nach Überquerung der Straße Kaiseringen – Winterlingen führt unser Weg über freies Feld mit Blick auf Frohnstetten – unserem heutigen Wanderziel – und im Wald leicht abwärts zur *Frohnstetter Hütte* (1 Std. s. Kapffelsen). Hier verlassen wir den Schmeientalweg nach rechts in Richtung Frohnstetten. Unser Weg führt *unter der Bahnbrücke* hindurch, *über die Schmeie* hinweg und an den *Schmeienhöfen* vorbei mit der Wegziffer 1 hinauf nach *Frohnstetten*. Wir gehen geradeaus zur Dorfmitte, wo vor der Hüle der Gasthof Rössle steht. Wir sind am Ziel, hier übernachten wir (3/4 Std. s. Frohnstetter Hütte).

2. Tag

Frohnstetten – Storzingen – Schmeientalweg abwärts – Fürstenhöhe – Jungnau

Mit dem gelben Dreiblock gehen wir die *Sigmaringer Straße* zum Dorf hinaus und wandern geradeaus *am Friedhof und*

Sportplatz vorbei gut markiert über die weite Hochfläche des *Großen Heuberg*s waldabwärts ins *Schmeiental* nach *Storzingen* (knapp 1 Std.).
In der *Dorfmitte* überqueren wir den Fluß, danach rechts das reizvolle *Schmeiental* abwärts. Nach knapp 1 Std., in der Weite einer Flußschlinge geht es an einer Weggabelung nach links mit der roten Raute zur Fürstenhöhe. Unser Weg wird bald von aufragenden Felsen umrahmt. *Aufpassen*: Nach etwa 20 Min. erreichen wir eine Lichtung, wo wir nach rechts auf verwachsenem Grasweg – später Schotterweg – waldaufwärts zur *Fürstenhöhe* wandern (1 3/4 Std. s. Storzingen).
Ein Grillplatz mit Sitzgruppen lädt zur Rast ein.
Vom Grillplatz geht es vor zum Sträßchen, auf diesem nach rechts und nach wenigen Metern mit dem roten Dreiblock nach links am Waldrand aufwärts in Richtung Jungnau. Ein kurzes Stück durch den Wald gegenüber, danach auf dem Fahrsträßchen rechts und nach etwa 100 m links die Untertunnelung unter der B 463 hindurch. Ab hier mit dem neuen Zeichen gelbe Raute rechts parallel zur Straße in knapp 1/4 Std. zum *ND Zigeunerbuche* (großer Baum).
Hier führen zwei Wege parallel nach links; wir gehen den rechten – nur anfangs etwas unbequem – waldabwärts. Bei Erreichen der Lichtung mit Weggabelung geht es nach links. Zunächst wandern wir über die idyllische Hochfläche *Steinbreite* und danach *abwärts ins Laucherttal nach Jungnau*, wo wir unsere reizvolle 2-Tages-Wanderung beenden (1 1/2 Std. s. Fürstenhöhe).

Vorschlag für eine 4-Tages-Wanderung

Wandern im „Bergland Junge Donau“

Enge Flußkehren, schroff abfallende Hänge. Eine Felsen- und Burgenlandschaft, die ihresgleichen sucht. Der Naturpark „Obere Donau“ ist einer der schönsten in deutschen Landen. Die beiden folgenden 2-Tages-Wanderungen im Donautal lassen sich bei genügender Kondition und Wanderfreude zu einer 4-Tages-Wanderung zusammenfassen.
Gesamtsteigung: über 1500 m.

So sollte gewandert werden:

1. Tag = 1. Tag der Wanderung Nr. 15
2. Tag = 2. Tag der Wanderung Nr. 15
   Übernachtung Ghs. STEINHAUS, 88631 Beuron-Hausen, Tel. (07579) 556
3. Tag = 1. Tag der Wanderung Nr. 16
4. Tag = 2. Tag der Wanderung Nr. 16

Zurück zu den einzelnen 2-Tages-Wanderungen

15

Der westliche Teil des Donautals von Hausen bis Schloß Bronnen

Ausgangsort

Hausen, Ortsteil der Gemeinde Beuron, an der Donautalstraße L 277 zwischen Sigmaringen und Beuron, Bahnverbindung

Übernachtung

Gasthaus JÄGERHAUS, an der Donau zwischen Beuron und Fridingen, 78567 Fridingen, Tel. (07466) 254, Ruhetag: Dienstag

Wanderkarten 1 : 50 000

- L 7918 Spaichingen
- L 7920 Sigmaringen

Hinweise

Für die Felsen- und Aussichtswanderung mit einigen Auf- und Abstiegen sollten wir genügend Zeit einplanen.
Gutes Schuhwerk und Trittsicherheit sind erforderlich.
Das Donautal zählt zu den beliebtesten Wandergebieten der Schwäbischen Alb. Die Wanderwege / Radwanderwege entlang des Flusses sind sonntags stark frequentiert. Wer es ermöglichen kann, sollte besser werktags wandern.
Wegen des Ruhetages im Jägerhaus sollte die Wanderung nicht am Dienstag begonnen werden.

Tourenbeschreibung

	1. Tag	**2. Tag**
Weglänge:	20 km	20 km
Gehzeit:	knapp 6 Std.	5 1/2 Std.
Steigung:	480 m	350 m
Einkehrmöglichkeiten:	SAV-Wanderheim Rauher Stein (Di Ruhetag), Beuron	Burg Wildenstein (Mo Ruhetag) Getränkeautomat

1. Tag
Hausen – Ruine Schloß Hausen – Schloß Werenwag – Eichfelsen – AP Rauher Stein mit SAV-Wanderheim – Beuron – Ghs. Jägerhaus

Wir parken in der *Ortsmitte von Hausen*. Am *Ghs. Steinhaus* vorbei die *Schwenninger Straße* leicht aufwärts. Markierung: Rote Raute. Nach etwa 150 m führt uns ein *Pfad rechts abwärts* auf eine *Parallelstraße*, die wir nach wenigen Metern beim Wegkreuz nach rechts verlassen. Nach dem letzten Haus führt ein Pfad links aufwärts in den Hangwald. Auf der Ebene im Wald gehen wir markierungsgemäß links, nach Waldaustritt

über die Lichtung zum Forsthaus, an diesem vorbei über die Holzbrücke zur *Ruine Schloß Hausen* (3/4 Std.) mit schöner Sicht auf Hausen mit der Donau.
Wir gehen zurück zum Forsthaus *Aufpassen:* An dessem Ende geht es direkt an der Hauswand nach links einen Pfad abwärts zur Straße, die wir überqueren und am Gegenhang aufwärts steigen. Oben mündet unser Pfad in einen Fahrweg. Nach etwa 150 m an der Weggabelung links halten. In etwa 10 Min. kommen wir zu einer Wegbiegung nach rechts in Richtung Werenwag. Wir gehen den kurzen *Stichweg geradeaus zum Glasträgerfels* mit prächtigem Blick hinüber auf Schloß Werenwag, das auf steilem Fels hoch über der Donau thront. Der Weiterweg führt zunächst mit dem roten Dreiblock zum Waldaustritt und dort nach links auf dem HW 2 mit dem roten Dreieck zum *Schloß Werenwag* (1 Std. s. Ruine Schloß Hausen).

Schloß Werenwag, 11. Jh., einige neuere Bauten wurden erst im 17.–19. Jh. errichtet. Hier lebte im 13. Jh. der Minnesänger Hugo von Werenwag. Seit 1830 ist die Anlage im Besitz des Donaueschinger Hauses von Fürstenberg.

Auf unserem Weiterweg mit dem roten Dreieck gelangen wir in 10 Min. zum *Korbfelsen*. Von hier bietet sich uns eine prachtvolle Aussicht auf die Felsen des Donautals. Weiter geht es – zunächst noch eben danach abwärts – ins *Finstertal*. Bei der Weggabelung folgen wir dem roten Dreieck und wandern auf der Gegenseite den Hang aufwärts. Beim Zurückschauen erblicken wir den Korbfelsen, Schloß Werenwag und die gegenüberliegende Felsenkulisse. Bei Erreichen der Traufkante genießen wir einen schönen Blick auf Burg Wildenstein, eines unserer morgigen Ziele. Der Weiterweg führt uns zum schönsten Aussichtsfelsen im Donautal, dem *Eichfelsen* (1 1/2 Std. s. Werenwag). Von hier hat man einen umfassenden, herrlichen Blick in das Durchbruchstal der Donau. 200 m tief hat sie sich in die Alb eingeschnitten. Felsenriffe säumen Tal und Trauf. Weiter geht es in 1/2 Std. zum *AP Rauher Stein* mit dem gleichnamigen *Wanderheim des Schwäbischen Albvereins* in der

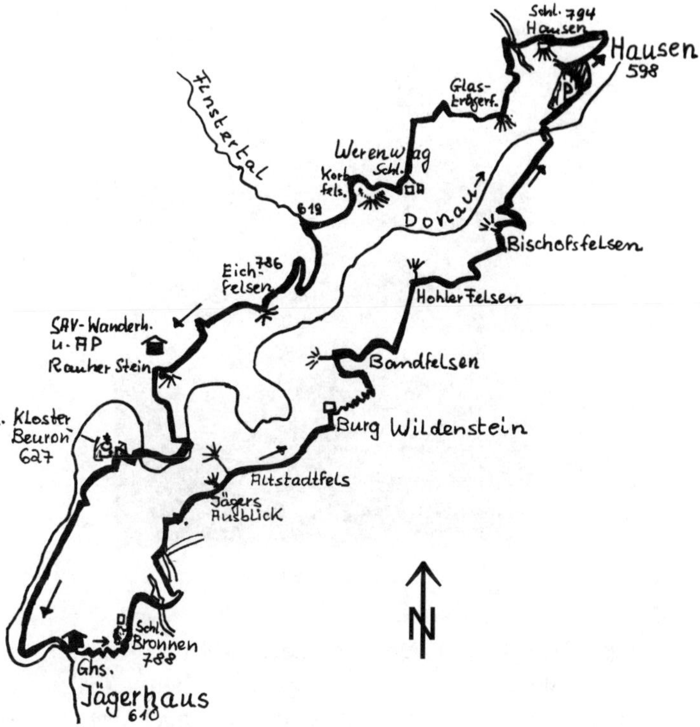
Schl. 794
Hausen
Hausen
598
Glas-
trägerf.
Finstertal
Werenwag
Schl.
Korb-
fels.
619
Donau
Bischofsfelsen
Eich-
felsen
786
Hohler Felsen
SAV-Wanderh.
u. AP
Rauher Stein
Bandfelsen
Ort u. Kloster
Beuron
627
Burg Wildenstein
Altstadtfels
Jägers
Ausblick
Schl.
Bronnen
788
Ghs.
Jägerhaus
610
N

Im Donautal

Nähe (Di Ruhetag). Der Weg nach Beuron führt mit roter Raute waldabwärts. Beim Waldaustritt überqueren wir die Donautalstraße, gehen rechts und direkt *nach dem Sonnenhaus* den geteerten Fußweg links abwärts über die Donau nach *Beuron* (3/4 Std. s. Rauher Stein).

Die stattliche **Klosterkirche** wurde 1730/40 errichtet. Beachtenswert sind das Deckengemälde und die Stuckarbeiten. Das Kloster verfügt über eine bedeutende Bibliothek.

In der **Ortsmitte** stoßen wir wieder auf den *HW 2*. Wir folgen dem roten Dreieck nach links. Unmittelbar *nach der Brücke* über die Bahnschiene biegen wir nach rechts und wandern entlang der Donau auf bequemen Weg flußaufwärts zum *Jägerhaus*, wo wir übernachten (1 Std. s. Beuron).

2. Tag
Jägerhaus – Schloß Bronnen – AP Jägers Ausblick und Altstadtfelsen – Burg Wildenstein – Bandfelsen – Hohler Felsen – Bischofsfelsen – Hausen

Der heutige Tag beginnt mit einem Aufstieg. Vom Haus weg folgen wir der roten Raute in Richtung Wildenstein aufwärts. Nach knapp 10 Min. vor den Felswänden nach rechts; dabei kommen wir an der großen offenen Jägerhaushöhle vorbei. Bei der Wegteilung danach geht es steil nach links aufwärts zum schroffen Felssockel, auf dem *Schloß Bronnen* steht. Das Schloß befindet sich im Privatbesitz und ist nicht zugänglich (1/2 Std.).
Wir gehen mit dem roten Dreiblock an der Burgfelswand entlang, unter der Holzbrücke hindurch. Nach Waldaustritt – links liegt des Gehöft Bronnen – zunächst geradeaus am Waldrand entlang, später rechts abwärts in den Wald, die Straße K 5941 überschreiten und geradeaus waldaufwärts. An der nächsten Wegspinne links und kurz danach nochmals eine Straße (K 8217) nahe einer Kurve queren und erneut auf schmalem Pfad aufwärts. Auf der Hochfläche wandern wir im Wald zu einer kleinen Lichtung mit Weggabelung *(ehem. Steighof)*. Hier rechts abbiegen und kurz danach gleich links und nach weiteren 30 m an erneuter Wegteilung nach rechts mit dem roten Dreieck (HW 2). Nach etwa 5 Min. folgen wir einem Stichweg nach links zum *AP Jägers Ausblick*. Von hier haben wir den schönsten Blick auf das idyllische Beuron mit seiner stattlichen Klosteranlage. Auf der Hochfläche gegenüber sehen wir Irndorf mit dem Wanderheim Rauher Stein davor, wo wir gestern waren. Nach knapp 5 Min. weist uns ein weiterer Stichweg (500 m) zum *Altstadtfelsen* mit nochmals sehr schöner Aussicht. Auf der Weiterwanderung können wir uns an der Darstellung eines Kohlenmeilers informieren, ehe wir nach Waldaustritt zur *Burg Wildenstein* gelangen (2 Std. s. Schloß Bronnen).

Die **Burg Wildenstein** steht auf schroffem Fels hoch über einem Waldtobel. Seit dem 16. Jh. Festung mit Vorburg, Bastion und Holzbrücke. Seit 1922 wird die Burg als Jugendherberge genutzt, Burgschenke mit einfachen Speisen, Mo Ruhetag, Getränkeautomat, Sitzgruppen im Burghof.

Nach Verlassen der Burg geht es mit dem roten Dreiblock nach links in den nahen Wald. Kurz nach Waldeintritt wandern wir auf einem Pfad links steil abwärts. Auf der Talsohle nochmals links und nach wenigen Metern rechts aufwärts. Oben im Wald links und bei der nächsten Wegteilung den bisherigen Weg nach links auf schmalem Pfad verlassen. Wir genießen einen schönen Blick hinüber zur Burg Wildenstein. Nach etwa 5 Min. kommen wir zu einer Wegteilung, wo wir den Stichweg zum *Bandfelsen* gehen (1 Std. s. Wildenstein). Uns bietet sich ein herrliches Donautal-Panorama. Nicht umsonst zählt dieser Naturpark zu den schönsten Landschaften Deutschlands. Bei der Weiterwanderung folgen wir der zweiten Abzweigung nach links auf einen Gras- später Fahrweg über die nächste Wegkreuzung zum *Hohlen Felsen* (1 Std. s. Bandfelsen) mit weiteren schönen Ausblicken. Gut markiert gelangen wir mit dem roten Dreiblock zu einer Wegspinne, wo wir nach rechts aufwärts dem roten Dreiblock folgen. Auf der nächsten Wegkreuzung wandern wir links – ab hier mit der roten Raute – zum *Bischofsfelsen*. Wir genießen einen letzten prachtvollen Blick auf das Donautal, dessen landschaftliche Schönheit uns während der Wanderung immer wieder fasziniert hat. Auf dem markierten Steilabstieg gelangen wir gut hinunter nach *Hausen* (1 1/2 Std. s. Hohler Felsen).

16

Der östliche Teil des Donautals von Hausen bis zum Schmeirer Berg bei Dietfurth

Ruine Dietfurth

Ausgangsort

Hausen i. T. an der Donautalstraße L 277 zwischen Sigmaringen und Kloster Beuron, Bahnverbindung

Übernachtung

Landgasthof ZOLLER in 72514 Vilsingen (Ortsteil von Inzigkofen). Tel. (07571) 51089

Wanderkarte 1 : 50000

L 7920 Sigmaringen

Hinweise

Für die Felsen- und Aussichtswanderung des 1. Tages sollten wir – auch wegen der Steigungen – genügend Zeit einplanen. Gutes Schuhwerk und Trittsicherheit sind erforderlich.
Wer es ermöglichen kann, sollte die sonntags stark begangene Strecke – insbesondere den Donautalweg am 2. Tag – besser werktags wandern.

Tourenbeschreibung

	1. Tag	2. Tag
Weglänge:	22 km	16 km
Gehzeit:	6 1/2 Std.	knapp 4 1/2 Std.
Steigung:	530 m	160 m
Einkehrmöglichkeiten:	Wanderheim b. d. Steighöfen (an Wochenenden u. Feiert. geöffn.), Thiergarten, Dietfurth	Dietfurth, Gutenstein, Ghs. Neumühle

1. Tag
Hausen – Steighöfe – Schaufelsen – Thiergarten – Rabenfelsen – Dietfurth – Vilsingen

In der *Ortsmitte von Hausen* (Parkmöglichkeit) gehen wir am Ghs. Steinhaus die *Schwenninger Straße* aufwärts. Unser Zeichen ist die rote Raute. Nach etwa 150 m führt uns ein schmaler Pfad (Holzgeländer) nach rechts auf die etwas tiefer gelegene *Parallelstraße*. Auf dieser an der nächsten Straßengabelung rechts und nach dem letzten Haus links aufwärts. Auf der oberen Ebene im Wald geradeaus und über die Kreuzung – ab hier mit dem roten Dreieck (HW 2) – in *Richtung Schaufelsen* weiter. Nach etwa 10 Min. weist uns das Zeichen nach rechts auf einen Pfad abwärts. In der Senke im Wald überqueren wir einen Fahrweg und wandern geradeaus aufwärts zum Trauf. Dort nach rechts bis *kurz vor die Steighöfe* (1 1/2 Std.).

Im weiteren Verlauf führt ein Stichweg (50 m) nach rechts zum *Mühlefels*. Eine schöne Aussicht belohnt uns für den Abstecher. Nach wenigen Metern geht es rechts den Pfad aufwärts zum *Schaufelsen* mit Schutzhütte (3/4 Std. s. Steighöfe). Wir blicken über Neidingen und Hausen hinüber zu Schloß Werenwag. Der folgende – meist gesicherte – Gratweg überrascht mit weiteren prächtigen Ausblicken. Nach dieser genußreichen Traufbegehung – bei der wir auch die vielen seltenen Pflanzen und Tiere auf und an den Felsen beachten sollten – geht es im Wald gut markiert abwärts, danach eben über freies Gelände und bei erneutem Waldeintritt aufwärts zur restaurierten *Ruine Falkenstein* (3/4 Std. s. Schaufelsen).
Von hier auf einem Fahrweg abwärts, vorbei am Steinwerk (Abbau des weißen Juragesteins) nach *Thiergarten* (1/2 Std. s. R. Falkenstein).

An Felsen entlang überm Donautal

Auf der *Hauptstraße* wandern wir links zum Ort hinaus und gehen nach der Einmündung der Straße von Stetten a.k.M. nach links ansteigend in den Wald. Auf dem nächsten Fahrweg weiter bis zu einer kleinen Lichtung, wo wir nach rechts auf einen Pfad wechseln und bei der nächsten Weggabelung den Stichweg links aufwärts zum *Rabenfelsen* gehen (1 Std. s. Thiergarten). Im weiteren Verlauf verlassen wir in der nächsten Kurve den Fahrweg auf steilem Pfad zur Hochfläche. Bei der dortigen Kreuzung geht es geradeaus auf der Straße bis zur Kurve und dort weiter geradeaus auf einem Fahrweg in den Wald. Bei der nächsten Weggabelung rechts abbiegen. *Aufpassen:* Das Zeichen (rotes Dreieck) könnte durch Äste und Laub verdeckt sein. Nach etwa 5 Min. kommen wir an eine *Kreuzung mit Schutzhütte und Grillplatz* (3/4 Std. s. Rabenfelsen). Wir gehen über den Grillplatz den Pfad nach links und nach etwa 5 Min. auf einem Fahrweg nach rechts am Waldrand entlang in eine Senke. Dort rechts abwärts in *Richtung Donauviadukt*. Nach etwa 300 m verlassen wir diesen Weg nach rechts mit dem roten Dreiblock auf einem Pfad in Richtung *Dietfurth* waldabwärts. Nach Waldaustritt zur Straße und über die Brükke ins Dorf (1/2 Std. s. Kreuzung mit Schutzhütte).

Am *Ortsende* geht es nach *rechts* (roter Dreiblock) und bereits *nach etwa 50 m* nach *links* ohne Wanderzeichen auf einen Fahrweg. Wir kommen an einem Gehöft vorbei und gelangen auf einen Querweg (Feldkreuz), wo wir links abbiegend unser heutiges Ziel, das auf leichter Anhöhe liegende *Vilsingen*, erreichen. In der Dorfmitte kehren wir im Landgasthof Zoller ein und beschließen den so aussichtsreichen ersten Wandertag (3/4 Std. s. Dietfurth).

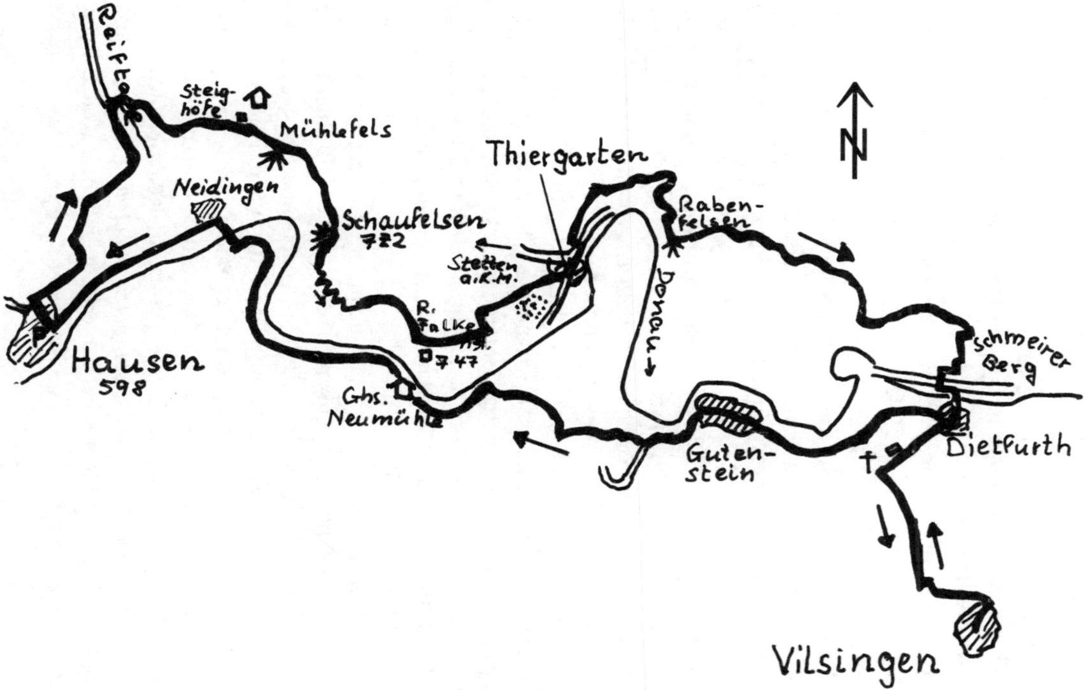

Reiftal
Steig-
höfe
Mühlefels
Neidingen
Schaufelsen
772
Thiergarten
Stetten
a.K.M.
R.
Falke
747
Raben-
felsen
Donau
Hausen
598
Ghs.
Neumühle
Guten-
stein
Schmeirer
Berg
Dietfurth
Vilsingen
N

2. Tag
Vilsingen – Dietfurth – Gutenstein – Donautalweg – Ghs. Neumühle – Hausen

Wir verlassen Vilsingen in Richtung Sportplatz und wandern auf *demselben Weg*, auf dem wir *gestern* ankamen, nach *Dietfurth* (knapp 3/4 Std.).
Beim *ersten Haus* folgen wir dem roten Dreiblock *nach links* auf dem Wiesenweg über einen Bach und am Waldrand gegenüber aufwärts. Oben mündet der Pfad in einen Fahrweg, den wir links in unserer bisherigen Richtung weitergehen und von diesem auf einem Fußweg rechts abwärts nach *Gutenstein* gelangen (1/2 Std. s. Dietfurth).
Im Ort zunächst in *Richtung Thiergarten*, vor dem *Schloß links* und kurz danach (Zaunende) bei der Weggabelung *oben links auf dem Sträßchen bleiben* in Richtung Neumühle. *Aufpassen:* Nach etwa 500 m müssen wir nach rechts in den Wald. Der Wegbeginn auf der dortigen kleinen Wiese ist schlecht zu erkennen. Die Markierung kann durch Gras und Pflanzen verdeckt sein. Nach dem Waldaustritt gehen wir am Rande einer Lichtung etwa 30 m nach rechts, biegen sogleich nach links und wandern am Waldrand geradeaus entlang. Nach Überquerung eines Fahrweges gehts zum nahen Wald. Dort bleiben wir auf unserem Weg, gehen diesen kurz nach links und biegen bereits nach etwa 50 m rechts abwärts in den Wald. Nach etwa 1/4 Std. erreichen wir den Donautalweg und wandern auf diesem nach links zum *Ghs. Neumühle* (1 1/4 Std. s. Gutenstein).
Auf diesem Weg wandern wir weiter, *überqueren* nach etwa 30 Min. auf der *Höhe von Neidingen die Donau* (kleine Brükke) und legen die letzten 2 km auf der linken Flußseite nach *Hausen* zurück (1 1/2 Std. s. Ghs. Neumühle).

Vorschlag für eine 4-Tages-Wanderung

Bergwandern in der „Region der zehn Tausender“

Die beiden folgenden 2-Tages-Wanderungen auf dem Großen Heuberg und in den Balinger Bergen lassen sich bei genügender Kondition und Wanderfreude zu einer 4-Tages-Wanderung zusammenfassen.

Mit über 2100 m Gesamtsteigung sind die vier Tage anstrengend. Als Training für Bergtouren geeignet.

So sollte gewandert werden:

1. Tag = 1. Tag der Wanderung Nr. 17
2. Tag = 2. Tag der Wanderung Nr. 17
Übernachtung Ghs. ADLER, 72365 Ratshausen, Tel. (07427) 2260 (bis zu 6 Personen). Darüber hinaus kann das Gastgeberverzeichnis beim Verkehrsverein Schömberg, Rathaus, 72355 Schömberg, Tel. (07427) 9402-0, bezogen werden
3. Tag = 1. Tag der Wanderung Nr. 18
4. Tag = 2. Tag der Wanderung Nr. 18

Zurück zu den einzelnen 2-Tages-Wanderungen

17

Vom Plettenberg zum Lemberg! Dort wo die Alb am höchsten ist

Eine abwechslungs- und aussichtsreiche Wanderung, die mit mehreren „Rauf und Runter“ aber auch anstrengend ist.

Ausgangsort

Schömberg, an der B 27 zwischen Balingen und Rottweil

Übernachtung

Landgasthof BÄREN, 78585 Bubsheim, Tel. (07429) 2309

Wanderkarten 1 : 50000

- L 7718 Balingen
- L 7918 Spaichingen

Hinweise

Wegen der Weglänge und der Steigungen sollten wir uns für beide Wandertage genügend Zeit vornehmen.
Gutes Schuhwerk, Kondition und Trittsicherheit sind erforderlich; gesamte Steigung: über 1100 m.

Tourenbeschreibung

	1. Tag	**2. Tag**
Weglänge:	23 km	23 km
Gehzeit:	7 1/2 Std.	6 1/2 Std.
Steigung:	740 m	375 m
Einkehrmöglichkeiten:	Hausen a. T., Obernheim, Reichenbach	Wehingen, Deilingen, Ratshausen

Das Tal der Oberen Schlichem mit Plettenberg

1. Tag
Schömberg – Plettenberg – Hausen am Tann – AP Rappenstein – Obernheim – Reichenbach – Bubsheim

Wir parken in der *Stadtmitte* (Kirche / Friedhof) von *Schömberg* und gehen hinunter zum *Stausee*. Unser Zeichen ist das blaue Dreieck. Am gegenüberliegendem Strand wandern wir nach rechts (Kiosk) unter dem Bahnviadukt hindurch und bei der ersten Wegteilung nach links in den Wald. Nach etwa 200 m weist uns das Zeichen nach rechts. Der Weiterweg ist gut markiert. *Aufpassen*: Nach einer Weggabelung im oberen Waldbereich mit dem zusätzlichen Wegweiser *Sagenwanderweg* verlassen wir bei einer Sitzbank den bisherigen Fahrweg auf einem Pfad nach rechts in den Hangwald aufwärts. Danach auf breitem Weg – den letzten Abschnitt steil und steinig – auf den *Plettenberg* (1 3/4 Std.).
Oben gehen wir über die reizvolle Heidelandschaft vor dem Schafhaus mit dem roten Dreieck (HW 1) nach rechts zum Trauf und dort nach links am Steilabfall entlang zur nächsten

Blick vom Aussichtsturm des Lembergs ins Land

Aussichtsplatte. Unten rechts liegt Schömberg mit dem See, davor Ratshausen und dahinter Deilingen. Über das Obere Schlichemtal geht der Blick zu Lemberg, Hochberg und Oberhohenberg, unser Wanderweg von morgen.

Weiter führt der Traufweg zum *Burgstall* (ehem. Burg Plettenberg, erbaut um 1150). Danach gehen wir den Gratweg (z.T. gesichert) steil abwärts und bei der nächsten Weggabelung geradeaus hinunter nach *Hausen a. T.* (knapp 1 Std. s. Plettenberg).
In der Ortsmitte von Hausen die *Hauptstraße* mit der roten Raute nach links. Bei den letzten Häusern biegen wir nach rechts *über die Brücke* und nochmals rechts die *Brühlstraße* hinaus aufwärts in den Wald. *Aufpassen*: Im Wald müssen wir zweimal nach links abbiegen. Auf steilem Pfad wandern wir hinauf zum

AP Rappenstein (1 Std. s. Hausen). Ein prächtiger Blick ins Obere Schlichemtal nach Hausen, hinüber zum Plettenberg, Schafberg und Lochenstein belohnt uns für den Aufstieg.

Wir gehen zurück zur Weggabelung, wo wir von Hausen heraufkamen, bleiben aber oben am Trauf (nicht ins Waldinnere gehen). Nach etwa 20 Min. erreichen wir ein geschottertes Wegstück, das wir nach rechts verlassen und nach wenigen Metern einen Fahrweg überqueren. Auf dem Waldweg gegenüber (Wegziffer 4 und rote Raute) wandern wir geradeaus weiter. Beim Waldaustritt bleiben wir auf dem Fahrweg bis zur ersten markanten Weggabelung an einer Buschgruppe. Hier gehen wir nach links und nach etwa 150 m an erneuter Weggabelung rechts abbiegend nach *Obernheim* (1 1/4 Std. s. AP Rappenstein).
In der *Dorfmitte* am *Schäferbrunnen* gehen wir in Richtung *Sportanlagen/Sportplatz* die *Obere Dorfstraße* ortsauswärts. Oben vor dem Sportplatz folgen wir dem Wegweiser nach *Reichenbach*. Im nahen Wald weist uns der gelbe Dreiblock ins reizvolle Tal der unteren Bära *ins Dorf* (1 Std. s. Obernheim). An der Kirche vorbei geht es *über die Straße und die Bära* hinauf in den Hangwald. Für heute ist es der letzte Anstieg. Nach Erreichen des ersten Fahrweges im Wald gehen wir auf diesem

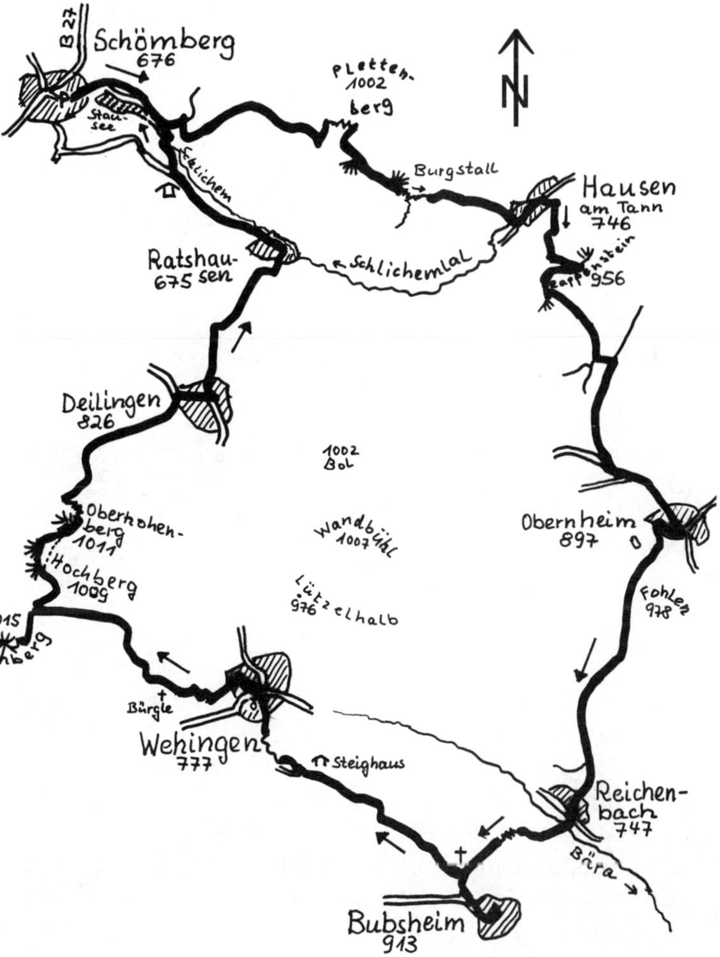
B 27
Schömberg
676
Plettenberg
1002
N
Stausee
Schlichem
Burgstall
Hausen
am Tann
746
Ratshausen
675
Schlichemtal
956
Deilingen
826
1002
Bol
Oberhohenberg
1011
Wandbühl
1007
Obernheim
897
Hochberg
1009
Lützelhalb
976
Fohlen
978
1015
Lemberg
Bürgle
Wehingen
777
Steighaus
Reichenbach
747
Bära
Bubsheim
913

etwa 20 m rechts und gleich nach links auf schmalem Pfad im Wald aufwärts. Nach Waldaustritt gelangen wir in eines der höchstgelegenen Dörfer auf der Alb, *Bubsheim (913 m)*. Unser Tagesziel, der Gasthof Bären, ist erreicht (1 Std. s. Reichenbach).

2. Tag

Bubsheim – Wehingen – Richtung Kapelle Bürgle – Lemberg – Hochberg – Oberhohenberg – Deilingen – Ratshausen – Schömberg

Wir verlassen Bubsheim auf der *Gosheimer Straße*. Wenige Meter nach dem Ort den Feldweg rechts und kurz danach am Feldkreuz mit der gelben Raute nach links in Richtung Wehingen. Nach etwa 1/4 Std. folgen wir an einem Waldeck (Tannenschonung) dem Sträßchen nach rechts und nach wenigen Schritten nach links mit der gelben Raute zum *Steighaus* (3/4 Std.).
Wir gehen vor zur Straße und auf dieser kurz abwärts. Nach etwa 100 m weist uns die gelbe Raute nach rechts den Hangwald auf einem Zickzackpfad hinunter nach *Wehingen* (1/2 Std. s. Steighaus).

In der *Ortsmitte* bei der Kirche *überqueren* wir *die Straße*, gehen kurz links und gleich mit dem roten Dreiblock die *Wörthstraße* rechts bis zur *Bertholdstraße*. Diese links und bei den letzten Häusern rechts in die *Lembergstraße* und nach wenigen Schritten links zwischen zwei Häusern hindurch. Am Waldrand – zur Bürglekapelle kommen wir nicht – gehen wir rechts waldaufwärts. Bei einer markanten Weggabelung im oberen Wald weist uns das rote Dreieck (HW 1) – ab hier unser Zeichen bis Ratshausen – nach links kurz abwärts zum Lembergsattel. Nun beginnt der Aufstieg zum *Lemberg* (1 1/2 Std. s. Wehingen).

Der **Lemberg** ist mit **1015 m** die **höchste Erhebung der Schwäbischen Alb.** Der offene Aussichtsturm des Schwäbischen Albvereins bietet herrliche Ausblicke. Schutzhütte, Grillstelle und Sitzgruppen laden zur Rast ein.

Unser Weg führt zurück zum Lembergsattel und von dort hinauf zum *Hochberg (1 009 m)*. Hier sollten wir am Trauf entlang (Steilabfall) und nicht die Variante über die Hochfläche wandern. Der Pfad ist bei genügender Vorsicht gut zu gehen. Er zählt zu den eindrucksvollsten und schönsten Traufwegen der Alb. Mit prächtigen Ausblicken in tiefe Täler, ins Neckartal und hinüber zum Schwarzwald besteigen wir den *Oberhohenberg (1 011 m)*, ehem. Burg Oberhohenberg, erbaut im 12. Jh.). Er bildet auf unserer Wanderung den Abschluß der drei höchsten Erhebungen der Alb. Auf einem Zickzackpfad geht es abwärts. Nach Waldaustritt (Grillstelle / Schutzhütte) wandern wir auf einem Fahrsträßchen nach *Deilingen* (3/4 Std. s. Oberhohenberg).

Die Hauptstraße führt uns in die Dorfmitte. *Aufpassen*: Kurz vor der Kurve geht es nach links in die *Rinnenstraße ortsauswärts*. Etwa 150 m nach den letzten Häusern links abwärts in den Wald. Nach Waldaustritt bietet sich uns ein schöner Blick auf den Plettenberg mit seiner weißen Felswand, bevor wir *Ratshausen* erreichen (1/2 Std. s. Deilingen).

Das schmucke Dorf verlassen wir auf der Straße nach Schömberg. Kurz nach der *Bushaltestelle Obere Säge* (etwa 1,5 km nach Ratshausen) geht es nach rechts entlang der *Schlichem* bis zur Brücke, wo wir den Fluß überqueren und nach links den Weg fortsetzen. Kurz danach erreichen wir die Weggabelung, wo gestern der Anstieg zum Plettenberg begann. Der Kreis unserer abwechslungsreichen, aber auch anstrengenden 2-Tages-Wanderung in der „Region der zehn Tausender" ist geschlossen. Wir gehen am *See entlang* und hinauf *in die Stadt* (1 1/4 Std. s. Ratshausen).

Wer auf der **4-Tages-Wanderung** unterwegs ist, fährt in das 5 km entfernte Ratshausen und übernachtet dort im Gasthof Adler. Er braucht am nächsten Morgen nur 4 km nach Hausen a. T. zu fahren, um den 3. Wandertag zu beginnen.

18

Über die Balinger Berge!

Vom Oberen Schlichemtal über Lochenstein und Hörnle ins Eyachtal, hinauf zu Schalksburg, Böllat und Heersberg, Abstieg zur Eyach und über die Hossinger Leiter auf die weite Hochfläche.

Ausgangsort

Hausen am Tann, an der Straße Schömberg – Ratshausen – Meßstetten

Übernachtung

Landhaus POST, 72459 Albstadt-Burgfelden,
Tel. (07435) 1297 und 1479

Wanderkarten 1 : 50000

- L 7718 Balingen
- L 7918 Spaichingen

Hinweise

Wegen der Steigungen sollten wir uns insbesondere für den ersten Wandertag genügend Zeit vornehmen.
Gutes Schuhwerk, Kondition und Trittsicherheit sind erforderlich.

Tourenbeschreibung

	1. Tag	2. Tag
Weglänge:	21 km	21 km
Gehzeit:	6 1/2 Std.	gut 5 Std.
Steigung:	750 m	250 m
Einkehrmöglichkeiten:	Laufen / Eyach	Lautlingen / Eyach, Hossingen, Tieringen

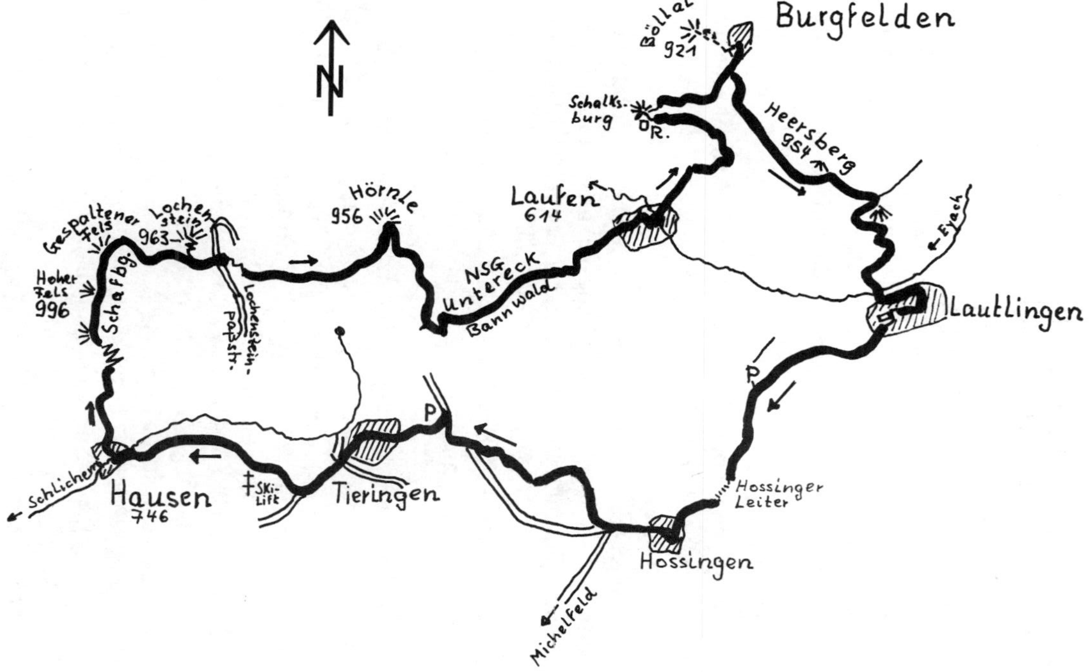
Burgfelden
Böllat
921
Schalksburg
DR.
Heersberg
954
Laufen
614
Eyach
Lautlingen
NSG Untereck
Bannwald
Hörnle
956
Lochenstein
963
Gespaltener Fels
Hoher Fels
996
Schafbg.
Lochenstein-paßstr.
P
Hossinger Leiter
Hossingen
Michelfeld
Tieringen
Ski-Lift
Hausen
746
Schlichem

1. Tag
Hausen am Tann – Schafberg – Lochenstein – Hörnle – Laufen a. d. Eyach – Ruine Schalksburg – Burgfelden

Unser Auto parken wir in der *Ortsmitte von Hausen a. T.* Auf der *Hohlgasse* geht es mit der roten Raute links die *Stufen zur Kirche* und geradeaus den *Kirchweg* zum Dorf hinaus. Bei Erreichen des Waldrandes biegen wir nach links über eine kleine Schilfwiese und danach steil waldaufwärts. Den nächsten eben verlaufenden Fahrweg etwa 300 m rechts und gut markiert links hinauf zum *Schafberg* (1 Std.).
Wir wandern am Trauf entlang (Vorsicht! Steilabfall) zum *Hinteren Schafberg, Hoher Fels* und *Gespaltener Fels*, der seinen Namen zu Recht trägt.
Der Weiterweg mit dem roten Dreieck (HW 1) führt in eine Senke mit schöner Wacholderheide und hinüber zum *Lochengründle* (Parkplatz). Von hier nach links den letzten Anstieg hinauf zum *Lochenstein*, dem mächtigen Klotz mit Gipfelkreuz (knapp 1 1/2 Std. s. Schafberg). Herrlich ist die Aussicht über Balingen hinweg ins Neckarland und am Albtrauf entlang.
Wir gehen zurück zum Parkplatz, überqueren vorn die *Lochenpaßstraße* und steigen neben der Jugendherberge hinauf zur Hochfläche. Weiterhin mit schönen Ausblicken führt der Traufweg zum *Hörnle* (3/4 Std. s. Lochengründle).
Danach hat unsere aussichtsreiche Traufwanderung zunächst ein Ende. Auf schmalem Pfad geht es in eine Senke. Wir wandern durch das *NSG Untereck* und durch den Bannwald steil abwärts auf einen Fahrweg und diesen weiter. Bei Waldaustritt (Grill und Spielplatz) das Sträßchen rechts abwärts. Vor der Fahrstraße geht es links am Sportplatz den Fußweg hinunter nach *Laufen* (1 1/2 Std. s. Hörnle).
In der *Ortsmitte* über die *Hauptstraße (B 463)*, wenige Meter nach rechts und *vor der Kirche* links die *Steinbergstraße* zum Ort hinaus und gut markiert waldaufwärts zur *Ruine Schalksburg*. Wir genießen einen schönen Panoramablick übers

Eyachtal zu Lochenstein, Hörnle und Gräbelesberg. Unsere letzte Wegstrecke führt mit dem roten Dreieck nach *Burgfelden* zum Landhaus Post (1 1/2 Std. s. Laufen).

Laufen im Eyachtal mit Gräbelesberg, Hörnle und Lochenstein, v. li.

2. Tag

Hinweis: Vor der heutigen Tagestour sollten wir den kurzen Spaziergang zum **Aussichtsfelsen Böllat** – vom Haus links in 10 Min. – nicht versäumen. Ein prachtvoller Blick über Balingen, das Neckarland und zum Schwarzwald wird uns belohnen.

Weiterwanderung

Burgfelden – Heersberg – Lautlingen – Hossinger Leiter – Hossingen – Tieringen – Hausen am Tann

Wir gehen zur *Dorfmitte*, dort *nach rechts* mit der roten Raute in Richtung Heersberg. Am Ortsende halten wir uns links und gelangen bereits nach 10 Min. zum Trauf mit Blick zum Plettenberg (Fernmeldeturm) und den Balinger Bergen. Der anschließende Abstecher zum *AP Heersberg* ist lohnenswert. Wir wandern über eine reizvolle Wachholder- und Heidelandschaft, durch eine stille, fast unberührte Natur. Am Ende der Senke gehen wir halbrechts vor zum Trauf. Der dortige *Muli-Gedenkstein* erinnert an die Gebirgsjägerausbildung in dieser Bergregion im 2. Weltkrieg. Danach kurz nach rechts und den Hangwald abwärts nach Lautlingen. *Aufpassen*: Etwa auf halber Höhe stoßen wir auf das Ende eines Fahrweges. Hier gehen wir nach links, unser Zeichen (rote Raute) erscheint erst nach etwa 40 m. Bei Erreichen des nächsten Fahrweges auf diesem etwa 100 m nach rechts und danach links – bei der Waldstücksbezeichnung *Lautlingen 17/5 Rosswette* – auf einem Pfad abwärts. Bei Waldaustritt bleiben wir auf dem Teersträßchen nach *Lautlingen* (1 1/2 Std.).

Im Ort die *Hauptstraße (B 463)* nach links bis zur Abzweigung der *Straße nach Meßstetten*, die wir nach rechts gehen. Bei der ersten Kurve nochmals rechts in die *von-Stauffenberg-Straße*. Vor dem Bahnhof über die Fußgängerbrücke zur anderen Straßenseite. Dort links den *Hossinger Weg* zum Dorf hinaus. Nach etwa 2 km wandern wir an einem Parkplatz vorbei in den nahen Wald. 10 Min. danach geht es nach links auf schmalem Pfad waldaufwärts. Wir kommen zu steilen Felswänden, die den Talschluß bilden. Nur über die *Hossinger Leiter* gelangen wir auf die Hochfläche (1 1/4 Std. s. Lautlingen).

Unser Weg führt an der Albvereins-Schutzhütte vorbei geradeaus nach *Hossingen*. Bei der Kirche vor zur *German-Götz-Straße* und von dieser rechts zur *Volksbank Heuberg*. Der Bank gegenüber rechts die *Tieringer Straße* hinaus. Außerhalb des Dorfes, nach der Abzweigung Michelfeld/Oberdigisheim, wandern wir nach rechts auf einem Wiesenweg anfangs zwischen zwei Wäldern, danach am linken Waldrand, *Aufpassen*: Am Ende der Wiese, wo von rechts ein Waldrand auf unseren linken Waldrand stößt, gehen wir in diesem Waldeck mit der Wegziffer 5 und der roten Raute auf schmalem Pfad in einer Tannenschonung abwärts auf einen Fahrweg. Diesen verlassen wir später nach rechts auf alten Holzstufen über einen kleinen Hang aufwärts (ist markiert). Oben geht es geradeaus an der Hecke entlang und an deren Ende vor zur Straße. Auf dieser bis über die Linkskurve und am Parkplatz direkt links abwärts nach *Tieringen* (1 1/4 Std. s. Hossingen).

Gespaltener Fels (li.) und Lochenstein

Wir wandern zur *Ortsmitte*, gehen am *Ghs. Hirsch* in die *Hohlgasse* und am Brunnen nach links die *Hausener Straße* zum Dorf hinaus. Am Ortsende über die Straße geradeaus an der Feldscheune vorbei. Nahe dem Waldrand folgen wir der roten Raute und dem Wegweiser zum Skilift. Rechts die Kuppen der Balinger Berge: Schafberg, Lochenstein und Hörnle. Leicht abwärts wandernd kommen wir nach *Hausen am Tann*, wo unser Auto steht (1 Std. s. Tieringen).

19

Über den Großen Heuberg ins Bäratal

Wir wandern auf der weiten und einsamen Hochfläche des Heubergs zur reizvollen Irndorfer Hardt und hinunter ins Bäratal.

Ausgangsort

Schwenningen auf dem Großen Heuberg, etwa 6 km nordwestlich von Hausen im Donautal

Übernachtung

Landgasthof BÄREN, 78585 Bubsheim, Tel. (07429) 2309

Wanderkarte 1 : 50000

L 7918 Spaichingen

Tourenbeschreibung

	1. Tag	2. Tag
Weglänge:	22 km	20 km
Gehzeit:	6 Std.	5 1/2 Std.
Steigung:	340 m	400 m
Einkehrmöglichkeiten:	Königsheim, Rucksackvesper wird empfohlen	Reichenbach Nusplingen Heinstetten

1. Tag

Schwenningen – Höhe Schnaitkapf – NSG Irndorfer Hardt – Mühle Ensisheim/Bäratal – Königsheim – Ruine Granegg – Bubsheim

In *Schwenningen* gehen wir in der*Ortsmitte* (Ghs. Adler) auf der Straße *Zum Galgenberg* zum Dorf hinaus. Mit der gelben Raute gut markiert aufwärts wird die bewaldete Höhe *Schnaitkapf* mit dem weithin sichtbaren Sendeturm erreicht (gut 3/4 Std.).

Weiter geht es an der SAV-Hütte vorbei den Fahrweg abwärts. Beim Waldaustritt links und nach wenigen Metern vor der

Sitzgruppe rechts abbiegen. Nach etwa 250 m Wegkreuzung, hier rechts durch ein kleines Waldstück und 100 m nach Waldaustritt links. Wieder führt unser Weg etwa 500 m durch einen Wald, nach dessen Ende wir das *NSG Irndorfer Hardt* erreichen (3/4 Std. s. Schnaitkapf)

Die **Irndorfer Hardt** ist ein Landschaftstyp, der heute auf der Schwäbischen Alb einmalig ist. Die Bezeichnung Hardt bedeutet *ehem. Waldheide*, auf die bis Mitte des 19. Jh. das Vieh in die lichten Wälder, die *Holzwiesen*, getrieben wurde. Mit zunehmender Stallfütterung nutzten die Bauern diese Flächen meist als Mähwiesen, wobei die Baumgruppen mit Eiche, Buche, Birke, Bergahorn u. a. erhalten blieben und mit seltenen Blütenpflanzen im Frühsommer ihren besonderen Reiz entfalten.

Der Wanderweg führt geradeaus über die Hardt in den gegenüberliegenden Wald bis zur ersten markanten Wegkreuzung. Hier gehen wir mit dem gelben Dreieck nach links in Richtung Ensisheim, zunächst oben am Trauf entlang. Danach folgt der Steilabstieg ins Bäratal. Der Pfad ist stellenweise verwachsen und schmal. Beim zweiten Überqueren eines Fahrweges gehen wir diesen 50 m nach links und dort den Pfad rechts abwärts – mit schönem Blick ins Bäratal – zur Straße. Hier 20 m links, dann rechts zur *Ensisheimer Mühle* und über die *Bära* zur anderen Talseite (1 1/2 Std. s. Irndorfer Hardt).
Wir wandern – ab hier mit dem gelben Dreiblock – das Tal rechts aufwärts. Bei Erreichen der zweiten Abzweigung gehen wir links in Richtung Königsheim.

Aufpassen: Unmittelbar vor der Abzweigung entdecken wir links im Waldrand etwas versteckt einen eigenartigen **Terrassenbach**. Hier hat die Kalkablagerung zu diesem kaskadenartigem Wasserlauf geführt.

Weiter geht es den bequemen Weg links aufwärts zur Hochfläche. Bei Waldaustritt gehen wir auf unserem Weg geradeaus in den Wald gegenüber und in diesem weiter geradeaus. Nach Verlassen des Waldes am Sportplatz vorbei nach *Königsheim* (1 1/2 Std. s. der Abzweigung im Bäratal).

Durch lichte Wälder

Wir wandern *geradeaus durch das Dorf* und gehen nach der *Ortsmitte* beim Ghs. Löwen *halbrechts* die *Bubsheimer Straße* (nicht markiert) hinaus. Am Feldkreuz nach rechts zum Wald und dort beim *Parkplatz Granegg* mit der gelben Raute halbrechts in Richtung Granegg. Wir folgen der Wegkurve nach links, an zwei größeren Waldlichtungen vorbei bis zur nächsten markanten Wegteilung. Hier weist uns das Zeichen nach rechts zur *Burgruine Granegg* (3/4 Std. s. Königsheim).

Burg Granegg, erbaut in 12. Jh. und im 14. Jh. zerstört. Seitdem steht nur noch die Ruine auf steilem Fels.

An der *Ruine vorbei* kommen wir vor zum *Aussichtsfelsen* mit prächtigem Blick auf Bubsheim (links) und Egesheim unten

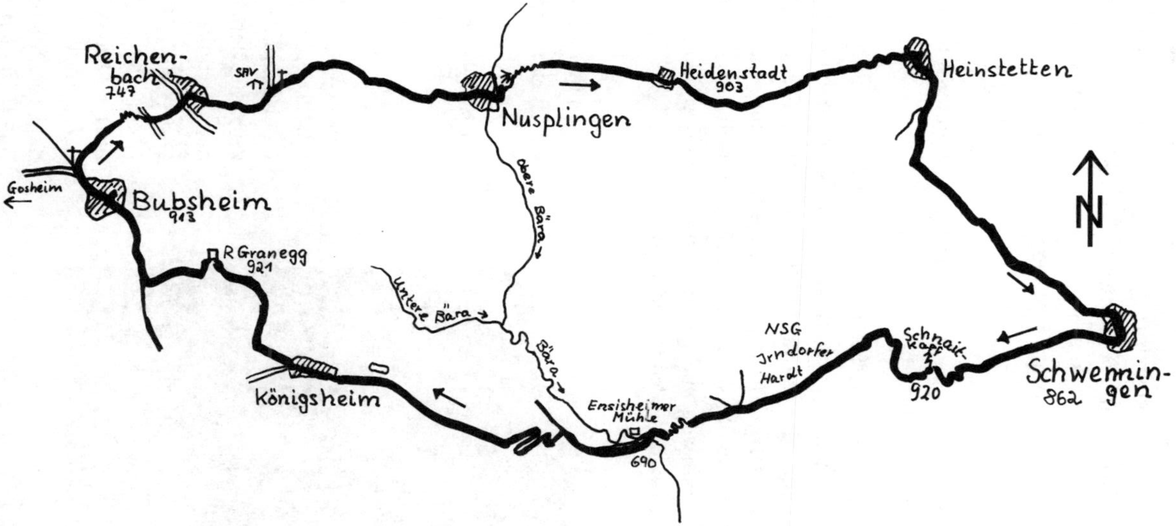
Reichen-
bach
747
SAV
Nusplingen
Heidenstadt
903
Heinstetten
N
Gosheim
Bubsheim
913
obere Bära
R Granegg
921
Untere Bära
Bära
Königsheim
Ensisheimer
Mühle
690
NSG
Irndorfer
Hardt
Schnait-
kopf
920
Schwennin-
gen
862

im Äratal. Die letzte Strecke des heutigen Tages führt gut markiert hinüber nach *Bubsheim* (913 m) – eines der höchstgelegenen Dörfer auf der Schwäbischen Alb – wo wir nahe der Kirche den Gasthof Bären erreichen und dort übernachten werden (3/4 Std. s. Ruine Granegg).

2. Tag
Bubsheim – Reichenbach – Nusplingen – Heidenstadt – Heinstetten – Schwenningen

Wir verlassen Bubsheim auf der *Gosheimer Straße*. Etwa 150 m nach dem Ort gehen wir den Feldweg nach rechts und nach wenigen Metern am Feldkreuz nochmals rechts in den Wald. *Aufpassen*: Nach der Wegkreuzung und -gabelung im Wald geht es halblinks auf steilem Pfad abwärts. Wir kommen auf einen Fahrweg und gehen von diesem den nächsten Weg links abwärts nach *Reichenbach* (3/4 Std.).

Reichenbach an der Unteren Bära

Das Dorf verlassen wir in der *Ortsmitte* gut markiert nach rechts auf der *Alten Steige*. Bei den letzten Häusern links mit der gelben Raute den Weg aufwärts durch den Wald zur Hochfläche. Oben kurz auf dem Sträßchen, links SAV-Hütte (nur an Wochenenden geöffnet). Dort folgen wir dem Wegweiser nach Nusplingen rechts über die Wiese, später durch den

Wald und gut markiert am Waldrand entlang. Danach kommen wir auf einem Feldweg zur nächsten markanten Weggabelung an einer Waldspitze mit Feldkreuz. *Aufpassen*: Nur wenige Meter links neben dem Fahrweg führt ein steiler Pfad (Holzgeländer) waldabwärts. Dieser mündet in einen Fahrweg und wo der leicht ansteigt, biegen wir links abwärts nach *Nusplingen* (1 1/2 Std. s. Reichenbach).

Am *Marktplatz* weist uns der gelbe Dreiblock in Richtung Heidenstadt. Über die Bärabrücke geradeaus zur höhergelegenen Friedhofskirche, dort auf die Straße nach links und nach etwa 70 m (Markierung beachten) nach rechts zwischen Häusern hindurch zum nahen Wald. Bei Waldbeginn rechts zur Straßenkurve und dort den Pfad links steil aufwärts. Nach Überschreiten der Straße führt ein kurzer Stichweg zum *AP Maria Fels* mit schönem Blick auf Nusplingen. Unser Weg geht weiter steil auf die Hochfläche, wo wir über eine stille Heidelandschaft in das kleine Dorf *Heidenstadt* wandern (1 Std. s. Nusplingen).

Gut markiert biegt unser Weg nach dem Ort rechts ab über freie Landschaft und durch den Wald nach *Heinstetten* (1 Std. s. Heidenstadt).

In der *Dorfmitte* gehen wir mit dem gelben Dreieck nach links in die *Donautalstraße* und vor den letzten Häusern nach rechts auf der *Schönfeldstraße* zum Ort hinaus. Bei der Weggabelung etwa 250 m nach dem Dorf bleiben wir links (rechts führt der Weg zum Irndorfer Hardt). Nach dieser Wegteilung gehen wir mit dem gelben Dreiblock den zweiten Fahrweg nach links durch den Wald in das hochgelegene *Schwenningen* (1 1/4 Std. s. Heinstetten).

20

Von der jungen Donau auf den „Alter Berg“ und hinunter ins reizvolle Lipbachtal

Ausgangsort

Mühlheim a. d. Donau, etwa 8 km nordostwärts Tuttlingen, Bahnverbindung

Übernachtung

Landgasthof BÄREN, 78585 Bubsheim, Tel. (07429) 2309

Wanderkarte 1 : 50000

L 7918 Spaichingen

Hinweis

Wegen des angenehmen zweiten Tages erscheint die Tour für Anfänger von 2-Tages-Wanderungen besonders geeignet.

Tourenbeschreibung

	1. Tag	**2. Tag**
Weglänge:	22 km	17 km
Gehzeit:	6 Std.	4 1/2 Std.
Steigung:	520 m	30 m
Einkehrmöglichkeiten:	Stetten, Böttingen	Gasthof Lippachmühle Öffn.Zeiten erfragen, Tel. (07429) 2306, evtl. Rucksackvesper

1. Tag
Mühlheim/Donau – Stetten/Donau – NSG Heidegebiet Kraftstein – Ursental – Storchental – Alter Berg – Böttingen-Bubsheim

Parkmöglichkeiten in *Mühlheim* gibt es unmittelbar neben der *Donaubrücke* am Sträßchen mit dem Wegweiser *Zur Kläranlage* oder in der *Oberstadt*. Wir beginnen unsere Wanderung an der *Donaubrücke*, gehen *über den Fluß* und geradeaus in die *Unterstadt*. Nach Überschreiten der Bahnschiene führt uns die Straße *Griesweg* in den nahen Ortsteil *Stetten* (1/2 Std.).
Im Ort bei der ersten markanten *Kreuzung* rechts die *Josef-Lang-Straße* zum Dorf hinaus. Nach etwa 150 m – rechte Hand zwei Feldscheunen – geht es links aufwärts in den Wald. Kurz danach bei der nächsten Weggabelung weist uns die Wegziffer 4 nach rechts waldaufwärts zur Hochfläche. Oben mündet unser Weg in ein Teersträßchen, auf dem wir nach etwa 50 m zu einer Weggabelung gelangen. Hier gehen wir mit der Wegziffer 1 nach rechts. Nach etwa 5 Min. kommen wir an eine weitere Weggabelung, (Sitzbank) am Waldeck, wo uns der Wegweiser rechts geradeaus zum Heidegebiet führt. Nach knapp 10 Min., an einer markanten Wegkreuzung im Wald biegen wir mit der Wegziffer 4 nach rechts ab. Dieser Grasweg führt geradeaus etwa 500 m durch den Wald zum reizvollen *NSG Heidegebiet Kraftstein*. Hier nach *links* mit der Wegweisung Mahlstetten vor zum Trauf. Dort folgen wir dem gelben Dreieck nach rechts. Zur Rechten eröffnet sich uns eine prächtige große Heidelandschaft. Nach der Abzweigung des Stichweges zur Ruine Kraftstein wandern wir geradeaus auf breitem Weg hinunter ins *Ursental* (2 1/2 Std. s. Stetten).
Hier *rechts* mit dem roten Strich (HW 9) an einem Grillplatz mit Brunnen vorbei geradeaus den Fahrweg leicht aufwärts. Nach Passieren eines Skilifts im Wald und zwei weiteren bei Waldaustritt überqueren wir eine Straße hinüber zum *Skiheim Mahlstetten* (1 Std. s. Erreichen des Ursentales).

Der Weiterweg führt mit der Wegziffer 5 das *Storchental* aufwärts. Im Wald folgen wir dem gelben Dreieck durch stellenweise dichte Tannenschonung und gehen über eine schmale Lichtung aufwärts. Danach geradeaus auf markiertem Fahrweg weiter und nach etwa 100 m rechts mit dem gelben Dreieck auf eingewachsenem Weg zur Hochfläche. Über eine prächtige Heidelandschaft wandern wir hinauf zur *Böttinger Kapelle* auf dem „Alter Berg“ (3/4 Std. s. dem Skiheim).

Die Böttinger Kapelle auf dem „Alter Berg“

Der „Alter Berg“ (980 m) zählt zu einem der schönsten Aussichtsberge des Großen Heunbergs. Eine Relieftafel hilft uns die Umgebung sowie (bei guter Sicht) die Alpen zu erkennen.

Weiter geht es an den Bildstöcken entlang nach *Böttingen* abwärts. Am *Ortseingang* beim *Brunnen rechts* in die *Kirchstraße*. Nach der Kirche geradeaus zur *Bushaltestelle* mit Wanderwegtafeln. Hier überqueren wir die Hauptstraße und gehen die *Bubsheimer Straße* nur 30 m aufwärts (ab hier ohne Wanderzeichen). Danach links in die *Burgerstraße* und von dieser die zweite Abzweigung nach rechts auf der *Heubergstraße* zum

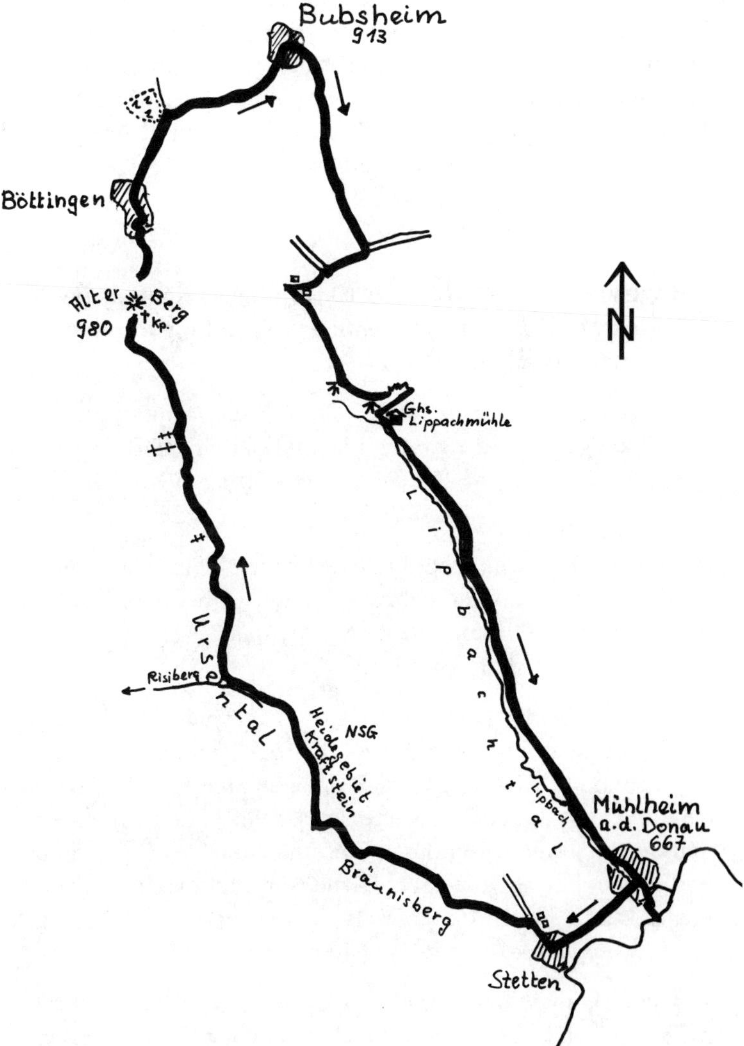

Bubsheim
913
Böttingen
Alter Berg
980
Kp.
Ghs. Lippachmühle
Lippbachtal
Ursental
Risiberg
NSG
Heidegebiet Kraftstein
Lipbach
Mühlheim a.d. Donau
667
Bräunisberg
Stetten
N

Dorf hinaus. Wir wandern geradeaus auf der Hochfläche und biegen neben einem Tannenwäldchen nach rechts in einen Feldweg. Entlang einer schönen Heide, links vor uns Bubsheims Hausberg, der Kirchberg, kommen wir zur Straße und auf dieser hinein in eines der höchstgelegenen Dörfer auf der Schwäbischen Alb, nach *Bubsheim, 913 m*, (1 1/4 Std. s. Alter Berg). In der *Dorfmitte* erreichen wir nahe der Kirche den Landgasthof Bären, wo wir übernachten werden.

2. Tag
Bubsheim – zur Straße K 5903 Böttingen-Königsheim – Allenspacher Hof – am Trauf entlang – Ghs. Lippachmühle – Lipbachtal – Mühlheim/Donau

Wir verlassen Bubsheim auf der *Graneggstraße* und wandern etwa 2 km geradeaus über die stille und weite Hochfläche des Großen Heubergs *zur Straße K 5903* Böttingen-Königsheim (3/4 Std.).

Auf der *Straße* nach *rechts* durch den nahen kleinen Wald und nach der Kurve auf den Fahrweg mit der gelben Raute nach links abbiegen. Wir kommen zum *Allenspacher Hof* (20 Min. s. Einmündung auf die Straße).

Am Hof vorbei bis ganz vor zum Trauf. *Aufpassen*: Dort am Waldrand nach links der gelben Raute folgend in Richtung Lippachmühle (kein Weg). Nach wenigen Metern nach einem Schuppen mit der gelben Raute nach rechts in den Wald, den markierten Traufweg entlang. Tief unter uns das Lipbachtal und gegenüber auf der Hochfläche Mahlstetten. Vom Trauf geht es auf steilem Pfad abwärts, später auf einem Fahrweg zur *Lippachmühle* (1 1/2 Std. s. Allenspacher Hof).

Von dem landschaftlich schön gelegenem Gasthof wandern wir das reizvolle Lipbachtal flußabwärts vor zur Donau nach *Mühlheim* (1 1/2 Std. s. Lippachmühle).

Wer es ermöglichen kann, sollte sich noch die mittelalterliche, malerische Oberstadt mit dem Schloß, dem alten Stadttor und dem gotischen Rathaus – wohl dem ältesten Gebäude der Stadt – anschauen.

Das Schloß in Mühlheim a. d. Donau (Oberstadt)

Register

Anhang

Wanderheime, Naturfreundehäuser (NF) und Aussichtstürme im *Bereich der Schwäbischen Alb*

1 Wanderheime des Schwäbischen Albvereins mit Übernachtung.

Ständig geöffnet (außer Ruhetage und Betriebsferien)

Burg Teck bei Owen/Teck, Kreis Esslingen, Tel. (07021) 55208, Ruhetag: Di, Mo ab 14 Uhr geschlossen

Nägelehaus auf dem Raichberg bei Albstadt-Onstmettingen, Zollernalbkreis, Tel. (07432) 21715, Ruhetag: Di, Mo ab 14 Uhr geschlossen

Pfannentalhaus bei Haunsheim, Kreis Dillingen/Donau, Tel. (09073) 7313, Ruhetag: Do

Rauher Stein bei Irndorf, Kreis Tuttlingen, Tel. (07466) 276, Ruhetag: Di

Roßberghaus bei Reutlingen-Gönningen, Tel. (07072) 7007, Ruhetag: Di, Mo ab 14 Uhr geschlossen

Wasserberghaus bei Schlat, Kreis Göppingen, Tel. (07161) 811562, Ruhetag: Mi, Di ab 14 Uhr geschlossen

Nicht ständig geöffnet (Übernachtung und Bewirtschaftung meistens nur Sa/So/F, sonst auf Anfrage)

Burg Derneck im Großen Lautertal, Kreis Reutlingen, nur für Selbstverpfleger, Tel. (07383) 1297

Eninger Weide bei Eningen unter Achalm, Kreis Reutlingen, Tel. (07121) 83250

Farrenstall bei Allmendingen, Weilersteußlingen, Alb-Donau-Kreis, Tel. (07384) 547, nur für geschlossene Gruppen

Franz-Keller-Haus auf dem Kalten Feld bei Schwäbisch Gmünd, Ostalbkreis, Tel. (07171) 82013

Kapfenburg bei Lauchheim, Ostalbkreis, Tel. (09081) 3297

Lochenhütte auf dem Lochenstein bei Tieringen, Zollernalbkreis (einfachste Unterkunft, 6 Schlafstellen, Selbstverpfleger), Tel. (07433) 5835

Nusplinger Hütte bei Nusplingen im Bäratal, Zollernalbkreis, Tel. (07429) 676

Rathaus Dürrwangen in Balingen-Dürrwangen, Zollernalbkreis, Tel (07433) 4353, nur für geschlossene Gruppen

Sternberg bei Gomadingen, Kreis Reutlingen, Tel (07385) 1790

Weidacher Hütte bei Blaustein-Weidach, Alb-Donau-Kreis, Tel. (07304) 6294

2 **Naturfreundehäuser (NF) mit Übernachtung** des Touristenvereins (TV) „Die Naturfreunde“ (NF), nicht ständig geöffnet, anfragen)

Härtsfeldhäusle, Neresheim-Dorfmerkingen, Ostalbkreis, Tel. (07326) 6155

Braunenberg bei Wasseralfingen, Ostalbkreis, Tel. (07361) 71474 oder 31810

Am Brand bei Aalen, Ostalbkreis, Tel. (07361) 8428

Am Tierstein bei Oberkochen, Ostalbkreis, Tel. (07364) 8442

Am Sturz, Heidenheim-Schnaitheim, Tel. (07321) 62997

Am Hahnenschnabel, Heidenheim, Tel. (07321) 44660

Erbisberghaus, Heidenheim-Mergelstetten, Tel. (07321) 24329

Im Hasenloch, Giengen a.d. Brenz, Kreis Heidenheim, Tel. (07322) 7638 oder 5435

Himmelreich, Heubach, Ostablkreis, Tel. (07173) 5911 oder (07171) 72456

Immenreute, Donzdorf-Oberweckerstell, Kreis Göppingen, Tel. (07162) 29828 oder (07331) 67975

Nau-Ursprung bei Langenau, Alb-Donau-Kreis, Tel. (07345) 3673

Spatzennest, Blaustein-Weidach, Alb-Donau-Kreis, Tel. (07304) 3580 oder (0731) 44469

Im Ried, Blaubeuren, Alb-Donau-Kreis, Tel. (07344) 7223

Am Hartenbuch bei Schelklingen, Alb-Donau-Kreis, Tel (07394) 2654

Boßlerhaus bei Gruibingen, Kreis Göppingen, Tel. (07331) 63358

Römerstein bei Römerstein-Donnstetten, Tel. (07382) 856 oder (0711) 690870

Seltbachhaus, Bad Urach, Kreis Reutlingen, Tel. (07125) 70614 oder 7194

Rohrauer Hütte bei St. Johann-Bleichstetten, Kreis Reutlingen, Tel. (07122) 9763 oder (07125) 7129

Waldheim Dettingen/Erms, Kreis Reutlingen, Tel. (07123) 7668 oder 7420

Römerschanze bei Reutlingen, Tel. (07121) 66462

An der Steinach bei Neuffen, Kreis Esslingen, Tel (07025) 5060

Falkenberg bei Metzingen, Kreis Reutlingen, Tel. (07123) 4983 oder 18393

Am Lindenplatz, Eningen u. A., Kreis Reutlingen, Tel. (07121) 88699 oder 82632

Richard-Joner-Heim, Albstadt-Ebingen, Zollernalbkreis, Tel. (07431) 2739

Donautal bei Stetten am kalten Markt, Kreis Sigmaringen, Tel. (07573) 2591 oder (07461) 71151

3 Wanderheime und Hütten des Deutschen Alpenvereins (DAV) mit Übernachtungsmöglichkeit

Harpprechthaus, Lenningen-Schopfloch, Kreis Esslingen, Tel. (07026) 2111, ständig geöffnet, Ruhetag: Mo, s. Wanderung Nr. 6

Stuttgarter Albhaus, Lenningen-Gutenberg, Kreis Esslingen, Tel. (07171) 83363, geöffnet Sa/So/F

Geislinger Hütte an der B 466, Nähe Treffelhausen-Böhmenkirch, Kreis Göppingen, Tel. (07331) 64701 oder (07331) 64244, Öffnungszeiten erfragen

Kreuzberghütte, Lauterstein-Nenningen, Kreis Göppingen, Tel. (07163) 3879, Öffnungszeiten erfragen

Uli-Wieland-Hütte, Blaubeuren-Weiler, Alb-Donau-Kreis, Tel. (07344) 3866, Öffnungszeiten erfragen

Ebinger Haus, Beuron-Hausen im Tal (Donautal), Kreis Sigmaringen, Tel. (07431) 3480, Öffnungszeiten erfragen

4 Aussichtstürme des Schwäbischen Albvereins

Augstbergturm bei Trochtelfingen, Kreis Reutlingen, ständig geöffnet

Burg Teck, geöffnet wie das Wanderheim s. dort

Gansnest-Turm bei Fridingen, Kreis Tuttlingen, ständig geöffnet

Hohe Warte bei St. Johann, Kreis Reutlingen, So/F geöffnet, sonst Schlüssel i.d. Gestütsgaststätte St. Johann

Lembergturm bei Gosheim, Kreis Tuttlingen, ständig geöffnet

Lupfenturm bei Talheim, Kreis Tuttlingen, ständig geöffnet

Ödenturm bei Geislingen/Steige, Kreis Göppingen, geöffnet So/F von Mai bis Oktober

Raichbergturm am Nägelehaus bei Albstadt-Onstmettigen, Zollernalbkreis, ständig geöffnet, sonst Schlüssel im Nägelehaus, außer Mo ab 14 Uhr bis Mi 8 Uhr und während der Betriebsferien

Römersteinturm bei Römerstein-Donnstetten, Kreis Reutlingen, geöffnet: Sa/So/F

Roßbergturm bei Reutlingen-Gönningen, geöffnet: So/F und während der Öffnungszeiten des Wanderheims, s. dort

Schönbergturm bei Pfullingen, Kreis Reutlingen, ständig geöffnet

Sternbergturm bei Gomadingen, Kreis Reutlingen, ständig geöffnet

Volkmarsbergturm bei Oberkochen, Ostalbkreis, geöffnet: Sa/So/F, sonst Schlüssel bei Bürgermeisteramt Oberkochen, Tel. (07364) 270

Rundwanderbücher von Werner Schmidt im Schneider Verlag Hohengehren:

Schwäbischer Wald und Schurwald

Berglen, Ellwanger Berge, Frickenhofer Höhe, Limpurger Berge, Löwensteiner Berge, Mainhardter Wald, Murrhardter Wald, Schurwald, Waldenburger Berge, Welzheimer Wald. Vom Autor begangen, beschrieben und gezeichnet.
4. aktualisierte Aufl., 1998. 144 Seiten. Kt.
ISBN 3871167738. FPr. DM 17,80

Schwäbische Alb: Westlicher Teil

Vom Lenninger Tal bis zum Donautal.
Überarb. Neuausgabe in 19. Auflage. 1997. 146 Seiten. Kt.
ISBN 3871168807. FPr. DM 17,80

Schwäbische Alb: Östlicher Teil

Vom Lenninger Tal bis zum Härtsfeld.
20. überarbeitete Auflage, 1998. 153 Seiten. Kt.
ISBN 3896760823. FPr. DM 17,80

Schwarzwald: Nördlicher Teil

mit den schönsten Touren zwischen Pforzheim und Triberg
18. aktualisierte Auflage, 1999. 160 Seiten. Kt.
ISBN 3896761498. FPr. DM 17,80

Schwarzwald: Südlicher Teil

mit den schönsten Wanderungen im Hochschwarzwald
20. aktualiserte Neuausgabe, 1999. 166 Seiten.
Kt. ISBN 3896761501. FPr. DM 17,80

Schurwälder Anekdoten

2. Auflage, 1989, 135 Seiten, Kt. ISBN 3871166456.
FPr. DM 16.80. Ein Buch zum Schmunzeln!
Von Bütteln, Schultes und anderen Originalen handeln die Geschichten und Schnurren, die sich hier auf unserem Schurwald ereignet haben.